Patria digna

Patria digna

La España que intentaron robarnos

Alán Barroso

Papel certificado por el Forest Stewardship Council®

FSC
www.fsc.org
MIXTO
Papel | Apoyando la silvicultura responsable
FSC® C117695

Penguin
Random House
Grupo Editorial

Primera edición: mayo de 2022
Segunda reimpresión: junio de 2023

Travessera de Gràcia, 47-49. 08021 Barcelona

Printed in Spain – Impreso en España

ISBN: 978-84-666-7208-5
Depósito legal: B-5.293-2022

Compuesto en Llibresimes, S. L.

Impreso en Liberdúplex
Sant Llorenç d'Hortons (Barcelona)

BS 7 2 0 8 5

Índice

Yo soy español integral, y me sería imposible vivir fuera de mis límites geográficos; pero odio al que es español por ser español nada más. Yo soy hermano de todos y execro al hombre que se sacrifica por una idea nacionalista abstracta por el solo hecho de que ama a su patria con una venda en los ojos. El chino bueno está más cerca de mí que el español malo. Canto a España y la siento hasta la médula; pero antes que esto soy hombre del mundo y hermano de todos. Desde luego no creo en la frontera política.

FEDERICO GARCÍA LORCA

Introducción

Hubo una época en la que gritar «¡Viva España!» sirvió para derrocar reyes, expulsar ejércitos imperiales, acabar con el absolutismo, redactar una de las primeras constituciones liberales de la historia, avanzar en derechos democráticos, repartir las tierras a quienes las trabajan y luchar contra el fascismo. Lo esperable sería que se pudiese seguir diciendo «¡Viva España!» para expresar el orgullo nacional a través de conquistas para la gente común. Por desgracia no es así. Durante las últimas décadas, las muestras de afecto patriótico se han pervertido hasta el extremo y se han convertido en patrimonio exclusivo de los más férreos enemigos del progreso. Es demasiado habitual escuchar gritos de «¡Viva España!» proferidos con odio y dirigidos hacia quienes piensan diferente, son progresistas o pretenden algún avance social para España. Apuesto a que leyendo estas líneas muchos recordarán, con gran desagrado, como llenan de rabia ese «Ejjpaña» para soltarlo como un bofetón. Lamentablemente, utilizar el nombre de nuestro país como si fuese un castigo ha sido algo muy frecuente durante los últimos años. Algo bastante común desde que nos robaron la posibilidad de sentirnos españoles orgullosos y se arrogaron la capacidad única de hablar en nombre de una patria que no habían construido, sino que simplemente habían robado a punta de pistola y con ánimo expoliador. Así nos convirtieron a millones de españoles en extranjeros en nuestro propio país. Y al mismo tiempo que nosotros ganábamos en resentimiento hacia España, su historia y sus símbolos, perdíamos un país que realmente siempre ha pertenecido más a su gente humilde y trabajadora que a sus élites parásitas y aprovechadas.

Un patriota no tiene por qué ser un idiota, aunque nos hayan acostumbrado a ello. Durante demasiado tiempo han jugado a confundirnos y han intentado hacernos creer que su forma de actuar era patriotismo; que sus gritos, sus insultos y sus «Viva España» cargados de resentimiento eran formas de demostrar ese patriotismo y que su odio por todo lo diferente y por todo lo que no se pareciese a ellos era orgullo español. Y así, poco a poco, hicieron del patriotismo algo oscuro, maloliente y cerrado a lo que de ninguna manera nadie con dos dedos de frente se acercaría. Convirtieron el patriotismo en una desgracia, en un pozo de llantos, odio y frustración, en una especie de secta para unos pocos. Lo hicieron pequeño, distante y desconfiado. Y aunque fuesen ellos mismos los culpables, se atrevían a quejarse después: «Es que ya no hay patriotas», «Es que la gente ya no quiere a España». Y no podían estar más equivocados. Porque no es que no hubiese patriotas, es que lo que ellos llamaban patriotismo no era otra cosa que odio. No era amor por España, era rechazo a lo diferente. No era orgullo por nuestra gente, era defensa de su pequeña minoría ideológica. El patriotismo de verdad consiste en querer a tu país de hoy en día y no al de hace décadas. Consiste en defender un país diverso, moderno y que mira al futuro, no a uno que solamente existe odiando al contrario y gritando muy fuerte «¡Viva España!» para no olvidarse de lo que es. Porque si tanto lo gritan es porque su idea de patria es tan endeble que necesitan recordarla constantemente dando voces cada dos por tres para que no se desvanezca en el aire.

Nos acostumbraron a llamar patriotismo a algo que simplemente es odio. Pero el patriotismo es el amor por tu tierra y por tu gente. No puedes amar a tu tierra si dejas que la expolien, si no te importa lo más mínimo la crisis climática y si antepones tu dinero al cuidado de la naturaleza. Ni tampoco puedes amar a su gente si odias a todo el que no se parezca a ti, piense como tú o hable como tú. No se puede ser un patriota español si odias a más de la mitad de España. Y ese es su problema. Odian a nuestros artistas, nuestro cine, nuestro teatro. Odian todos los idiomas que hay en España que no sean el castellano. Odian a quienes se consideran feministas. Odian a los rojos (y a todo aquello que decidan arbitrariamente que es «de rojos»). Odian a los inmigrantes, a los pobres, a los gais, a las lesbianas, a las personas trans. Odian a los ecologistas, a los republicanos, a los que piden un país mejor. Los odian a todos excepto a sí mismos. En otras palabras: odian España tal y como es hoy en día. Porque su identidad no es la del patriota, es la del odiador. Y su gran problema es que siempre ha habido más españoles que no entran en su modelo de España que los que sí. Por eso es urgente que dejemos de darles el placer de poder llamarse patriotas a sí mismos, porque un patriota de verdad es el que lleva a su país entero en el corazón junto a su gente, su tierra y su cultura. Mientras tanto ellos solo llevan odio, exclusión y represión; y, al final, resulta que sí son amantes de España, pero de la España de hace setenta años. La de hoy simplemente les queda demasiado grande para unas mentes tan estrechas.

Recuperar España

En estos tiempos de incertidumbre y falta de horizontes, tener una identidad se ha convertido en un activo al alza. Mientras la identidad de clase ha perdido fuerza entre discursos meritocráticos y aspiracionales y la religiosa se ha diluido en nuestras sociedades modernas, la identidad nacional sigue teniendo muchos adeptos y continúa determinando posiciones políticas en gran parte del mundo. También en España. Ante esta realidad ha habido dos opciones: la frustración o la radicalización.

La frustración es lo que la izquierda española ha vivido desde hace décadas, asumiendo que una identidad nacional española progresista es imposible y que todo lo que haga referencia a España es irremediablemente de derechas, conservador, lejano a nosotros e imposible de sentir como propio. De esa manera lo único que se ha conseguido hasta el momento es desarrollar una pésima fobia al país que aspiramos a transformar y simplemente se acaba representando, más que un proyecto político viable para los españoles, un resquemor pepitogrillesco que no entiende al pueblo al que pretende defender.

La radicalización es la otra posibilidad. Consiste en que aquellos que busquen identidad nacional la van a conseguir, pero la obtendrán de parte de aquellos que la ofrecen más clara, más dura y más intransigente. Es decir, de la extrema derecha. Y no porque lo hagan mejor que nosotros a la hora de hablar de nuestro país, sino simplemente por incomparecencia nuestra. Por no estar donde había que estar y por no haber sido capaces de ofrecer una alternativa a esos dos desiertos que son la tan sufrida frustración que ha imperado en la izquierda y la tan perjudicial radicalización que se da en la derecha. Frente a esos dos secarrales tenemos que ofrecer una identidad que explique lo que es España y que no permita que de ese abandono que ya llevamos demasiado tiempo permitiendo de manera irresponsable surjan políticos aprovechados y discursos peligrosos que utilicen el patriotismo con mala fe.

Mientras la extrema derecha no para de invocar en sus campañas electorales el espíritu de la Reconquista, del reinado de los Reyes Católicos o del Imperio español donde nunca se ponía el sol, la izquierda es incapaz de articular un discurso histórico potente que vaya más allá de los mil veces repetidos episodios relacionados con la Segunda República, la Guerra Civil y el franquismo.

Mientras en Francia Jean-Luc Melenchon habla de la Revolución francesa de 1789 para emocionar a sus votantes, en el Reino Unido Jeremy Corbyn presenta su programa electoral frente a una estatua dedicada a Robin Hood —que robaba a los ricos para dárselo a los pobres—, y todos los movimientos progresistas latinoamericanos recuerdan a sus líderes nacionales del siglo XIX que los llevaron a la independencia, nosotros nos mantenemos impasibles y tartamudeando cuando se trata de hablar de nuestro pasado. Cuando no deberíamos. Los españoles tenemos infinidad de experiencias históricas progresistas reseñables que van desde la guerra de los comuneros contra la monarquía parásita hasta la huelga de la Canadiense por la jornada laboral de ocho horas, o todas las veces que los Borbones tuvieron que huir de España ante el hartazgo del pueblo. Todos esos episodios, y muchos más, podrían ser utilizados para expandir nuestro relato histórico de orgullo nacional en clave progresista y, además, hacerlo de una manera mucho más honesta y cercana que la de la derecha y sus mitos caducos, antiguos y que ya huelen a rancio. Es hora de comenzar a renunciar a una tradición que no nos ha traído nada bueno. Renunciar a ser apátridas, renunciar a ser la única izquierda del mundo que no tiene patria y renunciar a que nos sigan robando un país que no les pertenece. Renunciar a todo eso para, de una vez por todas, recuperar España y su historia para la gente común.

¿Por qué es importante tener patria?

Un estudiante levantó la mano y preguntó: «¿Cuál fue el primer signo de civilización de la historia?». Todos los alumnos esperaban que la respuesta fuese el fuego, el anzuelo, el arado o una vasija. Pero la profesora, una antropóloga estadounidense llamada Margaret Mead, respondió que el primer signo de civilización era un fémur fracturado y sanado. ¿Qué tenía que ver eso con la civilización? Pues mucho más de lo que se podría pensar a simple vista. En el mundo salvaje quien se rompe un fémur no puede huir del peligro ni valerse por sí mismo, por lo que acaba convirtiéndose en una presa fácil y muere. Por eso ningún animal con una pata rota sobrevive en libertad el tiempo suficiente como para que el hueso sane y vuelva a soldarse por sí solo. Por lo tanto, un fémur quebrado que se curó implica que alguien se quedó junto a esa persona, le vendó la pierna, le dio de comer, la cuidó y la protegió hasta que se curó. Y precisamente ahí es donde nació la civilización: en el momento en el que empezamos a cuidarnos entre nosotros y dejamos de estar solos. Eso es lo que nos distingue del mundo salvaje y de su ley de la selva.

La autosuficiencia es un falso mito. Es mentira que lo podamos solucionar todo en soledad como si fuésemos el valiente protagonista de una película de Hollywood que se enfrenta al mundo y sale victorioso. La vida es un trayecto mucho más difícil, tanto que es imposible que lo caminemos solos. Por eso nos juntamos. Llevamos miles de años haciéndolo. Trabajando en común para poder avanzar, apoyándonos los unos en los otros para llegar más lejos, arrimando el hombro y cuidándonos entre nosotros para construir una sociedad más fuerte y mejor. Eso es la civilización. No hemos prosperado con la ley de la selva, sino con la de la unión que hace la fuerza.

Con la patria ha habido un gran problema: durante demasiado tiempo se ha intentado hacer pasar por algo vacío que tan solo llenaban con nostalgia de tiempos pasados, odio a lo diferente y gritos de energúmeno. Pero el verdadero sentido de la patria tiene más que ver con ese fémur fracturado y sanado del que hablaba Margaret Mead que con el furor extremista con el que algunos lo confunden. La verdadera patria no es otra cosa que su gente y el verdadero patriotismo no es otra cosa que cuidar a esa gente. Al mismo tiempo es algo que va más allá de la familia, del grupo de amigos y de aquellos a quienes conoces. Es algo que agrupa a muchas personas de lugares, edades y pensamientos distintos con los que, a pesar de no conocerlos, sabes que tienes cosas en común y con los que compartes un pasado y probablemente también un futuro. Os entendéis fácilmente, os gustan cosas más o menos parecidas y la mayoría de las veces tenéis problemas similares. En la unión de esa gente sencilla es donde aparece la patria.

Cuando la vida se complica, las cosas van mal y aparecen los problemas, hay dos tipos de personas: las que necesitan patria y las que no. Hay unos pocos que ya tienen sus apellidos, sus millones en el banco o su influencia trabajada desde pequeños en colegios de élite y clubes privados, que les ayuda a solucionar lo que haga falta.

Y luego está el resto (la inmensa mayoría), que tan solo tiene sus propias manos y el cariño de sus semejantes. Y con eso debe tener suficiente para tirar adelante. Nadie necesita más una patria que aquel que no tiene poder para prescindir de los demás. Los millonarios no quieren países, quieren tiendas donde poder comprar y vender lo que necesitan. Pero un país es mucho más que una tienda. Es una unión de personas en la que se cuida a los débiles, en la que se ponen límites a los poderosos y en la que todos tienen que remar para que lo que exista mañana sea un poco mejor que lo que existe hoy. Claro que a los millonarios no les interesa ese país. Solo les interesa la patria como un ornamento, como una joya bonita que poder llevar colgada para presumir sin que eso implique ningún compromiso con ella. Pero a la gente normal les interesa tener un país que los sostenga en momentos difíciles, que cuide a sus semejantes y que proteja a los que vengan detrás.

Durante años los poderosos nos robaron España, pero eso no significa que nos hubiesen robado la patria, porque la patria resistió allí donde había pueblo. La patria resistió allí donde había familias que se ayudaban entre ellas, allí donde había sindicatos que protegían a los trabajadores de los patrones, allí donde se prestaban comida, allí donde se cuidaban a los hijos cuando alguien no podía, allí donde había sentimientos de amor, de camaradería, de pasión por algo y allí donde se cuidaban las cosas pequeñas. Nos robaron España precisamente aquellos que más se podían permitir no tenerla. Aquellos a los que menos falta les hacía. Por eso nuestra tarea debe ser recuperar España para la gente común. Recuperarla para todas aquellas personas que llevan décadas construyendo, a falta de otra cosa, pequeñas patrias en sus barrios, en sus trabajos y en sus familias. Refugios para la mayoría en tiempos de ausencia de seguridades. Y, aun así, esa tarea de recuperar España no es más que un toque de atención, un recordatorio de que la España de verdad, la de abajo, la de su gente, siempre fue esto. Ni su represión ni su usura ni su miedo al progreso, a la diversidad y a la cultura. La patria fue siempre cuidarse. El resto fueron los poderosos intentando hacerse pasar por un país que nunca necesitaron porque ya tenían su dinero.

El patriotismo se demuestra, no se proclama

¿Quién España destruye y desordena?
¡Ellos! ¡Ellos!
Fuera, fuera, ladrones de naciones,
guardianes de la cúpula banquera,
cluecas del capital y sus doblones:
¡fuera, fuera!

MIGUEL HERNÁNDEZ

Rojigualda en la muñeca, chalequito en el pecho y España en la boca. Durante demasiado tiempo se han creído que con esa sencilla receta bastaba para ser un patriota de tomo y lomo. Sin embargo, de la teoría a la práctica, como siempre, hay un buen trecho. Resulta que aquellos que hasta el momento más se han preocupado por autodenominarse patriotas a través de esa cutre receta son a los que menos les ha importado vender a España siempre y cuando, a cambio, su bolsillo estuviese bien lleno. La realidad es que lo que tienen en común este tipo de patriotas es que siempre han antepuesto su patrimonio a su patria. Recalifican terrenos, se cargan la costa, destrozan entornos naturales, queman bosques para construir encima y venden nuestras empresas públicas a fondos extranjeros y nuestras casas a fondos buitres. Solo hay una cosa que les guste más que odiar lo diferente: enriquecerse haciéndose los indiferentes. Al final se creyeron de verdad que el patriotismo era llevar una pulserita de España en la muñeca y cantar de vez en cuando «Paquito el chocolatero» con aliento alcoholizado. Se creyeron que con eso bastaba. Pero, como con todo lo importante, el patriotismo necesita algo más que hacer el payaso y llevar un trozo de tela en la muñeca.

El patriotismo se demuestra, no se proclama. El patriotismo si se saca no es para enseñarlo, sino para ejercerlo. Porque es muy fácil decir que eres patriota, que amas a tu país y que quieres lo mejor para los españoles y para su tierra. Pero si después odias a la mitad de su gente, te importa una mierda que el 1 por ciento acumule más riqueza que el 99 por ciento de españoles restantes o no te preocupa que en dos generaciones la temperatura de España sea la misma que la del Sáhara, tú no eres un patriota, tú eres un bocazas, un charlatán, un falso. Un adalid del postureo. Pero no un patriota.

El patriota es el que se preocupa por todas esas cosas.

Puede llevar la bandera que le dé la gana, ser del color que sea, haber nacido en cualquier lugar o amar como prefiera. Pero si se preocupa por esas cosas, esa persona es mil veces más patriota que cualquier cayetano básico veraneando en Punta Cana con la pulserita rojigualda y el dinero de sus padres. Ese no es un patriota. Ese es un pijo que cree que el patriotismo es una identidad *cool* en la que inscribirse. Dejemos de utilizar el patriotismo como si fuese una tribu urbana para pijos podridos de dinero. El patriotismo, si es algo, es proteger a España de gente como esa.

Nos sobran los motivos

Quien no da la batalla da la razón al adversario. Quien calla cuando la oligarquía dice lo que es España otorga. Y no les otorga una cosa cualquiera. Les otorga un país entero y su representación. Es decir, la legitimidad para hablar en su nombre y la capacidad de definir sus fronteras ideológicas y decidir quién se queda dentro y quién se queda fuera. Por lo tanto, ni callar ni mucho menos otorgar está entre nuestras opciones. Hay que dar la batalla por recuperar España para su gente. Por suerte, no somos los primeros en esta tarea. Antes de nosotros ya hubo generaciones enteras que trabajaron, lucharon e incluso dieron la vida por una España mejor. No estamos caminando sobre vacío, sino que vamos a hombros de gigantes.

Hay motivos de sobra para estar orgullosos de nuestra historia, pero hay que desempolvarlos. Es hora de alumbrar el cuarto de los recuerdos de una España que siempre gritó menos, pero cuidó más. Durante demasiados años ese cuarto ha estado cerrado a cal y canto. Unos defendían que no existía y otros intentaban ponerle todavía más candados para que a nadie se le ocurriese abrirlo. Pero no hay caja fuerte que consiga encerrar la lucha de tantas personas que dieron la vida por un país mejor, comiendo barrotes de cárcel y pasando todo tipo de penurias. Claro que existe esa España de la que estar orgullosos. Existe en los valientes que combatieron a Napoleón cuando todos los nobles y ricos habían abandonado el país, en los liberales que escribieron la Constitución de Cádiz y lucharon contra el absolutismo monárquico y el servilismo. Existe en los que hicieron la revolución de la Gloriosa mientras gritaban «Viva España con honra» frente a la cobardía de los Borbones, y en los que empujaron la Primera República cuando una reina huyó de España y la monarquía dejó de ser viable. Existe en el movimiento obrero catalán que conquistó la jornada laboral de ocho horas para todo el país y en los pobres que tuvieron que comerse las guerras de los ricos en Cuba, Filipinas y Marruecos. Existe en los que soñaron con un país moderno en la Segunda República, en las que conquistaron el voto femenino tras años de invisibilización y en las maestras que enseñaron a leer y escribir a un pueblo al que siempre se le había negado la cultura. Existe en los milicianos patriotas que combatieron en la guerra contra Hitler y Mussolini, en los españoles que liberaron París de los nazis y en los que acabaron en prisiones y campos de concentración alemanes. Existe en los que siguieron luchando contra la dictadura en la clandestinidad, en los que organizaron huelgas y las ganaron, en los que empujaron para salir de la cárcel en la que nos encerraron durante cuarenta años y en los que trajeron la democracia movilizándose en las calles. Existe en los que forman parte de los servicios públicos, que son el mejor patrimonio que tiene nuestro país, en los que aprobaron el divorcio y el matrimonio igualitario, y en los que hoy en día son los más tolerantes, abiertos y diversos de todo el mundo. España fue y es toda esa gente. Y por respeto a todas esas personas y por justicia con todo lo que hicieron, nos sobran los motivos para estar orgullosos de nuestro país y para liberarlo, de una vez por todas, de las garras reaccionarias en las que lleva décadas atrapado.

Necesitamos más que buenos libros

> Los historiadores somos al nacionalismo lo que los cultivadores de amapolas son a los adictos a la heroína: proporcionarnos la materia prima esencial para el mercado.
>
> ERIC HOBSBAWM

Necesitamos más que buenos libros que nos expliquen la historia de España. No basta con tener grandes historiadores que cuenten el pasado de manera fidedigna, documentada y sosegada. Eso, por fortuna, ya lo tenemos y hacen un trabajo extraordinario en las facultades y en la academia. Pero en una sociedad hambrienta de pasado hace falta mucho más que eso. Necesitamos poder relatar una historia progresista de España que nos arme de argumentos frente a los que nos quieren hacer creer que la historia de nuestro país pertenece a la élite y no a la gente. La historia es una invención y la realidad es la materia con la que se construye esa ficción. Una vez todos los ingredientes están encima de la mesa, es tarea del chef decidir qué plato va a cocinar. Habrá ingredientes amargos, otros más dulces, algunos caducados, otros frescos y tal vez muchos que ni siquiera sepamos lo que son hasta que no nos fijemos bien en ellos. Depende del chef decidir qué hacer con todos esos ingredientes. Puede elegir cocinar un plato insulso, sin gracia alguna y que no entre por los ojos. O puede optar por cocinar un plato fuerte, que guste mucho a unos pocos pero que sea tan caro y exclusivo que solo se lo puedan permitir algunos. Pero también se puede cocinar un plato que sea amplio, abundante, lleno de ingredientes frescos y en cuyas recetas hayan participado millones de personas con la mejor de las voluntades. El problema es que, a pesar de que hay ingredientes de sobra para estar orgullosos de lo que somos, los poderosos llevan años cocinando y presentándonos una receta antigua, amarga y caducada como el plato por excelencia de nuestro país. Y eso ya no se lo traga nadie. Si queremos una España grande y popular, hay que cambiar de ingredientes. En este libro hay muchos para empezar a cocinar con ganas.

Patria digna está dividida en dos partes. En la primera se hace un rápido pero intenso recorrido por algunos de los principales episodios nacionales que han marcado la historia de España, y en la segunda se ofrece una serie de ideas y reflexiones que nos desanclan del pasado y apuntan hacia el futuro. Este es un libro que pretende ayudar a recargar las pilas, a reconciliarnos con el país recuperando la memoria y, finalmente, a dirigirnos hacia un futuro mejor que merezca la pena ser vivido. Espero que lo disfrutéis tanto como yo he disfrutado escribiéndolo. Bienvenidos a la patria digna.

PARTE I

Episodios nacionales (y populares)

1

España titubea

No es patria el suelo que se pisa

> Las insurrecciones son tan viejas en España como el gobierno de los favoritos de palacio contra los cuales han ido usualmente dirigidas.
>
> Karl Marx

Una nación no son sus nobles ni sus reyes ni sus ricos. Una nación es su pueblo y su gente. Por eso, si nos fijamos en el pueblo, la historia de España que nos han contado hasta el momento se desmorona a pedazos. Las grandes gestas, las reconquistas, las peleas de reyes y señores feudales y las guerras por el patrimonio y por la sucesión no eran historia de España, sino de sus élites y señores. De hecho, esas gestas e historias épicas eran sufridas por España y los españoles que eran humildes víctimas de familias poderosas que utilizaban al país y a sus gentes para alimentar sus intereses privados. Sin embargo, hay otra historia posible. Una historia escrita y protagonizada por el pueblo. Una historia de lucha por la libertad, por la igualdad y por la defensa de la patria. La de verdad, la de la gente humilde.

Hay muchos motivos para comprender que somos mejores de lo que nos quieren hacer creer. Somos un país progresista hoy y lo fuimos también en el pasado. El problema es que cuando nos han explicado nuestra historia no lo han hecho mirando a nuestro pueblo, sino a ellos mismos, y por eso España siempre ha parecido un país tan deformado, triste y agotado, porque devolvía el reflejo de los poderosos. Pero mientras tanto hay otra España que pide paso y hunde sus raíces en la historia más profunda de nuestra patria, que es la historia de nuestro pueblo.

Antonio Machado decía que no es tierra el suelo que se pisa, sino el suelo que se labra. Y durante demasiado tiempo los poderosos de este país se han dedicado a reclamar una tierra y una gente a la que solo pisoteaban. Pero mientras ellos se encargaban de pisarlo todo y dejar su marca de presencia en todos los rincones del país mediante guerras, traiciones y saqueos, había un pueblo que labraba la tierra. Esa es la historia que nos interesa. Una historia verdaderamente española, una historia de su pueblo.

¿Aquello era España?

> El pasado es un país extranjero, allí hacen las cosas de otra forma.
>
> L. P. HARTLEY

España no empezó con los íberos, ni con la Reconquista, ni con el Cid Campeador, ni con los Reyes Católicos. De hecho, cuantos más años hacia atrás viajemos en el tiempo, más se desdibuja España y deja de ser un país geográfica, cultural y políticamente definido para pasar a ser un mosaico de reinos enfrentados, territorios diversos, dinastías cambiantes y batallas borrosas. Es por eso por lo que, en ocasiones, es más sencillo sentir interés por la historia reciente de nuestro país que por la pasada. No porque aquellos momentos fuesen menos interesantes o tuvieran menos relevancia, sino porque todos ellos tienen una cosa en común: España no existía todavía. Tal vez sí un atisbo de lo que España podría llegar a ser, pero desde luego aquello no era España.

Los españoles nunca hemos sido una raza pura. Ninguna lo ha sido nunca en realidad. Pero nosotros en concreto somos resultado de la mezcla de pueblos en una tierra de paso. Un mestizaje de siglos de duración que, a pesar de que algunos quieran reducirlo a una línea recta y pura hasta la actualidad, ha tenido muchos baches y dificultades. No hay ninguna vergüenza en no ser el país milenario que algunos intentan decir que somos. Ya es difícil hacerse cargo de lo que fue nuestro país hace cincuenta años, como para hacerlo de lo que fuese hace quinientos o mil años. Claro que es seductor creerse parte de un país milenario y sentirse imbuido por la épica de los relatos de conquistas y las historias de grandeza imperial. Pero aquello tenía muy poco que ver con lo que podemos decir que es España. En aquel momento no era más que una serie de reinos diversos que tan solo compartían geografía, fronteras y alguna disputa interna. Aquello no era España, pero precedió a España y la moldeó construyéndola sobre la sangre y el sudor del pueblo llano.

Tras la mal llamada Reconquista —porque más que reconquista fue una guerra civil entre territorios de la península en la que las alianzas entre musulmanes y cristianos fueron habituales—, quedó un territorio estabilizado bajo la autoridad de Fernando II de Aragón e Isabel I de Castilla, los Reyes Católicos. Fue entonces cuando la monarquía hispánica, que se había construido sobre una economía rentista, expoliadora y acaparadora cuya única obsesión era seguir extrayendo beneficio de sus conquistas, puso el foco en las colonias de ultramar. En muchas ocasiones se ha presentado la conquista de América como un acontecimiento épico definitorio de la nación española. Por supuesto, para ello se evita hablar del elevado precio que pagaron los nativos americanos a los que se impuso una dominación extranjera cruel y despótica, pero no solo eso, sino que además también se obvia al pueblo llano español, que tuvo que sostener y financiar ese esfuerzo colonial padeciéndolo más que disfrutándolo. Mientras los grandes apellidos de España acudían a América para esclavizar nativos y exprimir sus riquezas, en

España esas mismas clases pudientes se aseguraban de que no hubiese ningún movimiento que pudiese desbancarles de su poder. Se podría decir que España no colonizó América, sino que lo hicieron sus reyes y nobles mientras el pueblo español sufría otra colonización interior de la que iban a intentar librarse.

España colonizada

> La lucha comunera fue preludio de las luchas políticas modernas contra el absolutismo y puso la primera piedra de la lucha por los derechos democráticos.
>
> JOSÉ ÁLVAREZ JUNCO

Mientras Cortés, Pizarro y Núñez de Balboa conquistaban América, en España se luchaba. Y no eran los señores feudales ni la casa real quienes lo hacían. Era el pueblo español. Paradójicamente se sabe mucho más de los combates que se produjeron a miles de kilómetros de la península en nombre de los Reyes Católicos que de los que se libraban en nuestro territorio en nombre de las clases populares. Mientras los poderosos mandaban partidas para dominar América, el pueblo español combatía contra su dominación interior. Durante los años 1467 y 1469 se produjo la revuelta Irmandiña en Galicia en un contexto de hambrunas, epidemias y de abusos por parte de los mandatarios. Fue una revuelta social en la que los gallegos se sublevaron contra sus señores organizándose en hermandades (de ahí el nombre de *irmandiños*) que se rebelaron contra la nobleza que se apropiaba de sus cosechas y asfixiaba al pueblo llano. Algunos años más tarde, en Castilla, comenzaría la guerra de las Comunidades, que fue un levantamiento armado contra la corona hispánica y su poder centralizador. En palabras de Miguel Martínez, «En la primavera de 1520 las principales ciudades de Castilla se confederaron para combatir los abusos de poder de una corte corrupta que había expoliado el reino y de un monarca sobre cuya legitimidad y sobre cuyos planes existían demasiadas dudas».[1] Fue una lucha que se planteó «contra la alta aristocracia del reino, los grandes que habían acaparado, ilegítimamente, rentas y poder».[2] Paralelamente, en Mallorca y Valencia, las clases populares también se levantaban en armas contra la nobleza en un momento de dificultades económicas y se plantaba cara a la dominación interior a la que los grandes apellidos de España tenían sometidos a sus pueblos. Los españoles de aquella época eran población agrícola maltratada, ninguneada y utilizada como granero inagotable por parte de una élite corrupta para sus aventuras genocidas en la otra parte del mundo. Mientras la corte se enriquecía, el pueblo languidecía, pero también se rebelaba y producía las primeras revoluciones modernas y democráticas que se vivieron en Europa. Sin embargo, la historia oficial pre-

1. Miguel Martínez, *Comuneros: el rayo y la semilla (1520-1521)*, 2021, p. 23.

2. Ibídem.

fiere enfocarse y regodearse en la conquista americana al mismo tiempo que ignora la historia real de las clases humildes de nuestro país.

¿Por qué mientras era el pueblo llano el que hacía historia en España enfrentándose a minorías parásitas solo recordamos las conquistas de nuestros reyes en el extranjero? Porque la principal víctima de la historia oficial siempre ha sido el pueblo. Y el pueblo siempre ha sido lo único que merece la pena a la hora de sentir orgullo por algún país. No se debería creer en un orgullo ciego por la historia de un país cuando esa historia tan solo es producto de acciones criminales perpetradas por casas reales poderosísimas a costa de un pueblo cautivo. Esa historia no vale nada, simplemente es rapiña, enriquecimiento ilícito y guerras absurdas. Sirve para estudiarla y, en todo caso, para recordar el origen criminal de toda monarquía. Pero si nuestra intención es la de descubrir entre las páginas de nuestra historia episodios que hagan que se nos hinche el pecho de orgullo por lo que nuestro país fue capaz en algún momento, no podemos mirar la historia que ensalza a asesinos y traidores de nuestro pueblo. Porque eso no es historia nacional, es documentación de un pillaje perpetrado por las élites. La historia de nuestro país se hizo a pesar de ellos.

2

España a pesar de los Borbones

Todo lo que España podía llegar a ser ya nos lo enseñó el siglo XIX. Fue como un ensayo acelerado de todo aquello que estaba por ocurrir. En tan solo un siglo España se formó como nación moderna, fue invadida, se independizó y se independizaron de ella; asistió al nacimiento del liberalismo y de la guerrilla, tuvo sus primeras revoluciones contra el absolutismo y sus primeros contactos con la democracia; pasó por épocas de enorme progreso, otras de gran retroceso y represión, y unas cuantas veces un rey salió corriendo hacia el extranjero; se formó la Primera República e incluso tuvieron lugar sus primeras guerras civiles. El siglo XIX fue un concentrado de historia que definió para siempre lo que sería España. Y todo ello, a pesar de los Borbones. Nuestra historia popular tiene un corazón antiguo, y nuestra historia como país empieza en 1808 con una derrota y una traición.

Una derrota y una traición

Ese rey tantas veces perjuro,
ese rey sin palabra ni honor,
sanguinario, déspota, ambicioso,
es indigno del trono español.
Caiga el trono de este rey perjuro,
con su sangre lavad la nación.
No tengáis compasión, que es un crimen
con Fernando tener compasión.

MARÍA DEL CARMEN SARDI, poema incluido entre sus papeles (1828)

Fernando VII fue el monstruo más execrable que ha abortado el derecho divino. Como hombre, reunía todo lo malo que cabe en nuestra naturaleza; como rey, resumió en sí cuanto de flaco y torpe pueda caber en la potestad real. [...] (Fernando VII) se arrastró a los pies de Napoleón como un pordiosero, mientras España entera sostenía por él una lucha que asombró al mundo.

BENITO PÉREZ GALDÓS, *La Fontana de Oro*

Napoleón mandaba y los Borbones acataban. En eso se había convertido la monarquía española de principios del siglo XIX: en un mero satélite del Imperio francés de Napoleón. Carlos IV de España —que además de cazar, comer y disfrutar de sus riquezas también era experto en tomar malas decisiones— aceptó entrar en guerra con el Reino Unido y Portugal animado por el dictador francés. Por supuesto, esa guerra innecesaria no la iba a pelear él, sino el pueblo español. El tiempo pasó y la guerra contra el Reino Unido fue mal. Supuso una vergonzosa derrota de la armada española en Trafalgar (Cádiz), que acabaría dando nombre a una de las plazas más icónicas de Londres, Trafalgar Square, construida sobre la humillación a la que sometieron a la monarquía española. Sin embargo, la guerra contra Portugal fue incluso peor. Con la excusa de conquistar nuestro país vecino, Napoleón comenzó una invasión silenciosa de España mientras cruzaba la península. Carlos IV, no contento con haber sido derrotado por los británicos, ahora además era humillado por los que, en principio, habían sido sus aliados, los franceses. No obstante, eso no era lo peor de esta historia. Al fin y al cabo, el honor y la ignominia que sufra un monarca nos trae sin cuidado. Lo peor era que ese juego de alianzas que se sellaban en salones bañados en oro y arropados por telas caras lo pagaba un pueblo cautivo de sus gobernantes, para los que tan solo eran moneda de cambio. La monarquía española era menoscabada y ninguneada, pero el precio real lo pagaban los españoles, que eran utilizados como peones sin opinión en las guerras y juegos de poder de sus majestades.

El año 1808 fue pésimo. Los españoles estaban hartos de Carlos IV, de sus alianzas absurdas, de sus derrotas constantes y de su gobierno despótico. El rey solo escuchaba a Manuel Godoy, su primer ministro, y no atendía a más razones que a las de su consejero absolutista. Esa situación fue bien utilizada por Fernando, hijo de Carlos IV, para adelantar su sucesión y acceder al trono. El 19 de marzo se produjo el Motín de Aranjuez, una sublevación popular que destituyó a Godoy y puso en un gran aprieto a Carlos IV, que finalmente se vio obligado a abdicar en su hijo. En España se había difundido cierta esperanza en que Fernando fuese diferente a su padre y que todo empezase a cambiar por fin. Pero se quedó en eso, en simple esperanza.

El nuevo rey había logrado su ascenso a la corona conspirando contra su padre. Fernando VII comenzó así una de sus primeras traiciones (no sería la última), incorporándose a esa triste tradición que tienen las clases altas de apuñalarse entre ellas —incluso entre familiares— para conseguir más poder del que ya tienen. Todo este lío monárquico, con golpe de Estado intrafamiliar incluido, se desarrolló con el escenario de fondo de una invasión francesa que iba discurriendo silenciosa pero implacable por todos los rincones de la península. El principal problema para Fernando era conseguir más poder, aislar a sus enemigos y asentar su reinado. El principal problema de los españoles era que se estaba produciendo una lenta invasión de España por parte de los franceses. Pero eso a ningún Borbón parecía que le importase demasiado. Primero estaban las disputas del trono, luego los problemas nacionales.

De hecho, cuando Carlos IV se vio obligado a abdicar en su hijo lo primero que hizo fue escribir desesperado a

Napoleón para avisarle de que su renuncia al trono no había sido voluntaria, sino forzada, y para someterse a su decisión (con la esperanza de que le devolviese el trono usurpado por su hijo) y «ponerse en los brazos de un gran monarca, aliado suyo».[3] Evidentemente, cuando Napoleón leyó esa carta no pensó en otra cosa que en la extrema debilidad de la monarquía española, puesto que todos se estaban peleando entre ellos, y en la idoneidad del momento para hacerse con el control total de la península. Tanto Carlos como su hijo Fernando se habían puesto en manos de Napoleón para que decidiese por ellos cuál iba a ser el futuro de España. Los españoles, por supuesto, no fueron preguntados.

El despropósito histórico fue recreado en la ciudad francesa de Bayona el 5 de mayo de 1808, donde, como si de una propiedad privada de los Borbones se tratase, España fue entregada a Napoleón. Finalmente sí se habían puesto en los brazos de Napoleón. Y con mucho gusto. Mientras Napoleón invadía la península amparado por la firma de los Borbones, padre e hijo permanecieron en territorio francés mantenidos en un cómodo retiro. Mientras los españoles que plantaban cara a la invasión pasaban penurias, perdían la vida y se levantaban contra los invasores, sus monarcas estaban siendo mantenidos por el emperador francés a todo lujo en Francia. Carlos IV en el palacio de Compiègne, a 80 kilómetros de París, con una frugal pensión de 7 millones y medio de francos al

3. Carta de Carlos IV a Napoleón sobre los sucesos de Aranjuez (marzo de 1808).

año, y Fernando VII en el castillo de Valençay con una pensión muy parecida y también muy jugosa. De hecho, la estancia de Fernando fue tan agradable que incluso solicitó a Napoleón que le arreglase un matrimonio con alguna distinguida dama del Imperio francés. El pueblo sufría miserias mientras los reyes vivían, como siempre, a cuerpo de rey. La traición les había salido muy barata a los Borbones y muy cara al pueblo, que, una vez más, iba a tener que solucionar los problemas en los que sus gobernantes los habían metido por pura ambición personal. Contrastaba la grandeza del pueblo español con la bajeza de sus mandatarios que, teniendo en sus manos ejércitos, armamento, tesoros y poder, dejaron la defensa de la patria a un pueblo desarmado. Un pueblo que, por primera vez en mucho tiempo, iba a comenzar a ser protagonista de su propia historia.

Un pueblo se levantó en mayo

> El pueblo no se levantó contra Napoleón para defender los injustos fueros de un avaro señor, ni los palacios de un déspota orgulloso.
>
> FRANCISCO MARTÍNEZ DE LA ROSA

El sol había salido por donde siempre, las palomas seguían picoteando en las azoteas y las temperaturas advertían que el verano ya estaba cerca, pero Madrid se había despertado diferente. Seguía siendo una ciudad dominada por ejércitos franceses mandados por Murat, un enviado de Napoleón, pero la sensación ya no era la misma. Se respiraba hartazgo, incluso se veía reflejado en los ojos de las gentes más sencillas de Madrid. Aquellas que tenían que ofrecer sus casas para que el ejército invasor durmiese en ellas, su comida para alimentar los abundantes estómagos gabachos y su paciencia para aguantar sus desprecios y su dominación. Porque la dominación la aguantaban los españoles en su plenitud mientras Madrid estaba vacía de sus antiguos poderes. Sin reyes, sin nobles, sin obispos. Solamente el pueblo humilde frente a una fuerza invasora que ocupaba militarmente sus calles y sus casas, comía su comida, bebía su bebida y frente a la cual todo el antiguo régimen había sucumbido sin presentar batalla. El rey Fernando en Bayona, el rey Carlos olvidado, la jerarquía eclesiástica callada y la aristocracia esperando ver a la sombra de qué nuevo poderoso se acurrucaba. Les daba igual Fernando que Napoleón. Les importaba mantener sus privilegios. Y mientras ellos se preocupaban por mantener su estatus, Madrid continuaba vacío. Vacío de los cobardes que habían mandado durante siglos, pero llena de gente humilde que siempre había tenido que aguantar el gobierno de esos pusilánimes que, en los momentos más difíciles, siempre los abandonaban.

El levantamiento empezó mucho antes del 2 de mayo. Se venía gestando desde que Fernando VII transfirió España, como si se tratase de una pertenencia personal, a Napoleón. Y aunque el desencadenante fueron unas cargas frente al Palacio Real al correr el rumor de que los franceses se llevaban a un infante, los motivos eran mucho más profundos. Los españoles estaban hartos del despotismo de Carlos IV y la esperanza de Fernando VII duró apenas unas semanas hasta que llegó Napoleón. Ahora estaban solos. Solos frente al peligro y solos en la lucha. Tan solos que mientras el pueblo madrileño se levantaba y salía a las calles a luchar contra la dominación extranjera, los jefes militares de la nobleza española ordenaron al ejército regular, todavía fiel al rey Fernando, permanecer neutral y sin intervenir mientras los franceses aplastaban el levantamiento del 2 de mayo. Neutralidad mientras se masacraba a su propio pueblo. Por fortuna, no todos los militares obedecieron. Luis Daoiz y Pedro Velarde, un sevillano y un cántabro, pasaron a la historia como los grandes artífices y luchadores de esa jornada. Dos españoles destinados en Madrid que lo dieron todo, aun desobedeciendo las órdenes monárquicas, y lucharon hombro a hombro junto a su pueblo contra la dominación francesa.

El Dos de Mayo fue solo el inicio en la capital, pero le siguió el resto de España. Pocos días después de la revuelta madrileña, los asturianos se levantaban y se apoderaban de cien mil fusiles del depósito de armas de Oviedo para luchar contra los franceses. El 26 de mayo se producía un alzamiento popular en Sevilla. El 30 de mayo se levantaba Galicia y la población se armaba con cuarenta mil fusiles del depósito de La Coruña. Las juntas de defensa surgían por doquier: Santander, Valladolid, Ávila, Salamanca, Badajoz, Murcia, Zaragoza... Por primera vez el pueblo español hacía algo por decisión propia y la conciencia nacional se expresaba como voluntad popular. Era España levantándose, y esa España se parecía más a su pueblo que a sus élites.

El levantamiento ocurrió en Madrid, pero fue algo más que un acontecimiento madrileño. Igual que ocurrió en Aragón con los sitios de Zaragoza, en Cataluña con la batalla de Girona o en Andalucía con la batalla de Bailén, con el tiempo el Dos de Mayo acabó convirtiéndose simplemente en una festividad local. Pero fue mucho más que eso. Fue el primer levantamiento contra los franceses que se produjo en España y fue un levantamiento que se hizo a pesar de las órdenes oficiales de la monarquía española, que predicaba sumisión. Por eso el Dos de Mayo rápidamente se convertiría en un mito de rebeldía que, a partir de entonces, sería utilizado siempre que se luchase por el progreso de España.

El Dos de Mayo no terminó en victoria. De hecho, fue una amarga derrota seguida de una feroz represión. Sin embargo, todo el esfuerzo y sufrimiento no cayó en saco roto, puesto que sirvió de gran aprendizaje para la inmensa mayoría de los españoles, que comprendieron dos cosas importantes. En primer lugar, que no eran peones en manos de señoritos que decidían por ellos; y en segundo lugar, que no podían depender de los grandes nombres y apellidos de España para defender sus casas y a su gente. La rabia del Dos de Mayo fue una chispa que prendió todos y cada uno de los rincones del país. El trabajo que no habían hecho los poderosos servilones buscando protección bajo el ala del nuevo mandamás (fuese nacional o extranjero) lo harían los más humildes plantando cara en las calles y los campos a los invasores. El 2 de mayo de 1808 se inició la Guerra de Independencia Española. Sin embargo, por aquel entonces se la conocía como la Revolución Española.

La Revolución Española

> Napoleón, quien, como todos sus contemporáneos, consideraba a España un cadáver exánime, se llevó una sorpresa fatal al descubrir que, si el Estado español yacía muerto, la sociedad española estaba llena de vida y rebosaba, en todas sus partes, de fuerza de resistencia.
>
> KARL MARX

> Era la España oficial la que estaba en bancarrota. Napoleón, informado por sus embajadores, sólo creyó en la existencia de esa España e ignoró la verdadera España, pletórica de energía y ansiosa de renovación.
>
> MANUEL TUÑÓN DE LARA

El ejército regular seguía en sus cuarteles, el clero predicaba sumisión y la nobleza se encontraba ausente. A todos los «grandes de España» les pesaban demasiado los bolsillos como para movilizarse y tomar partido y, en su ausencia, el pueblo fue el protagonista de la defensa de España. Desde el 2 de mayo de 1808 quedó clara una cosa: la movilización de las energías nacionales tenía un matiz netamente popular. Era el pueblo español quien defendía la causa nacional frente a los franceses y, sobre todo, frente a la cobardía de sus propias élites. Por eso en aquellos momentos nadie hablaba de Guerra de Independencia. De hecho, no sería hasta décadas más tarde que se empezaría a usar la palabra «independencia» para referirse a aquella etapa. En aquel momento de lo único que se hablaba era de la Revolución Española. Todo el material historiográfico y popular con el que se cuenta de aquella época se refiere a la contienda como «revolución» porque la importancia de lo acontecido entre 1808 y 1814 iba mucho más allá de una simple independencia respecto a los franceses. Fue toda una revolución popular en la que la nación española también se independizó de sus élites.

La nobleza y el Antiguo Régimen nunca fueron cosas demasiado españolas, puesto que estaban vinculados a la corte y no a la nación. Eran siervos de una familia, no ciudadanos de un país, y por lo tanto ignoraban otra soberanía que no fuese la del monarca. No había otra autoridad que no fuese la de un hombre fuerte por la gracia de Dios y jamás habrían pensado en algo como que la soberanía nacional residiese en el conjunto de la ciudadanía y no en una sola persona. Por eso, según el historiador Tuñón de Lara, a los grandes de España los violentaba menos el acatamiento de otro poder, aunque fuese extranjero, que seguir el impulso nacional de su pueblo, cuyas consecuencias temían por inciertas.[4] El temor que las élites españolas tenían por su propio pueblo era evidente. Un buen ejemplo es la carta que en aquellos momentos escribió el duque del Infantado en representación de la nobleza española a José I, hermano de Napoleón y nuevo rey de España, para decirle: «Los grandes de España fueron siempre conocidos por su lealtad a sus soberanos, y vuestra Majestad hallará en ellos la misma afección y fidelidad».[5] Es decir, preferían someterse a la voluntad del nuevo soberano francés antes que alinearse con la resistencia del pueblo español. La reflexión era algo así como «mejor francés rico conocido que pueblo español pobre por conocer». El escritor Fernando Garrido plasmó bien la situación contrastando «la grandeza y el heroísmo» del pueblo español en 1808 con «la bajeza de sus mandatarios», que «tenían en sus manos ejércitos, escuadras y tesoros», y tuvieron que dejar la defensa de la patria al «pueblo desarmado, ignorante, acostumbrado a obedecer ciegamente durante siglos».[6]

La revolución española estalló un 2 de mayo en Madrid y rápidamente recorrió todo el territorio nacional. En todas las provincias surgían juntas revolucionarias por doquier, el pueblo se repartía los fusiles que antes descansaban sobre militares impasibles, los líderes guerrilleros llevaban la resistencia a los montes que conocían como la palma de su mano y los grandes de España escondían

4. Manuel Tuñón de Lara, *La España del siglo XIX*, vol. 1, 2000.
5. Ibídem.
6. José Álvarez Junco, *Mater dolorosa*, 2010, p. 114.

la cabeza en una actitud desvergonzadamente avestrucenca. Por supuesto, existió una corriente de españoles que no veían del todo con buenos ojos la resistencia popular a Napoleón. Los afrancesados eran ilustrados, liberales y defensores de la razón como Melchor de Jovellanos, Manuel José Quintana o Francisco de Goya, que estaban convencidos de que lo mejor que le podía pasar a España era que Napoleón la invadiera y acabase con la monarquía absoluta y toda su camarilla de palmeros corruptos y serviles. Aún hoy en día algunos siguen defendiendo (de manera un poco nostálgica y ficticia) que eso habría sido lo mejor para nuestro país. Los afrancesados realmente querían lo mejor para España, también eran unos patriotas que querían liberarla de la opresión tiránica. Jovellanos, Quintana o Goya no quisieron menos a su patria por ello. Así, a pesar de haber empezado siendo afrancesados, la mayor parte de ellos dejaron de serlo rápidamente al comprobar que el ejército francés no venía a exportar su «libertad, igualdad y fraternidad», sino simplemente a imponer la voluntad de otro tirano con nombre distinto. Y para ello no le iba a importar asesinar, perseguir y arrasar un país entero lo mismo o más que lo que los Borbones habían hecho antes. De este modo se dieron cuenta de que no se trataba de defender a un tirano de un lado u otro de la frontera. Se trataba de no tener tiranos. Entendieron que el progreso no venía de la invasión de ejércitos extranjeros, sino del esfuerzo popular. Y así España empezó a caminar hacia la Constitución de Cádiz.

«¡Españoles, ya tenéis patria!»

> Artículo 1.º: La Nación española es la reunión de todos los españoles de ambos hemisferios.
> Art. 2.º: La Nación española es libre e independiente, y no es ni puede ser patrimonio de ninguna familia ni persona.
> Art. 3.º: La soberanía reside esencialmente en la Nación.
>
> Constitución de 1812

España nació como país moderno cuando se empezó a independizar no solo de los franceses, sino del absolutismo monárquico. Hasta entonces había sido una propiedad privada, un coto reservado y una zona vip de una familia poderosísima cuyos privilegios se transmitían por sangre. España comenzó a existir cuando existió fuera de esa familia de reyes y cuando su pueblo empezó a decidir cosas por sí mismo, se echó a las calles por voluntad propia, se organizó con sus propios medios, creó las juntas para defenderse y, finalmente, constituyó en la Isla de León, Cádiz, las Cortes españolas. Estas Cortes dejarían por escrito que España había cambiado para siempre y que la historia del país nunca más iba a escribirse en singular ni en nombre de una familia de reyes carcomidos por el paso del tiempo y trastornados por la mezcla de sangres reales, sino que se iba a escribir en plural, en nombre de su pueblo y de su gente humilde. España la fundaban los españoles, no una monarquía podrida y vendida a intereses extranjeros que ni siquiera estaba presente en ese momento de guerra por la liberación nacional.

En ese contexto nació la Constitución de 1812. Aislados en Cádiz, a salvo de las fuerzas invasoras y ante el desagrado de los poderes fieles al absolutismo de Fernando VII, un centenar de diputados venidos de todo el territorio (peninsular y americano) decidieron fundar un país. Desprivatizar España y darle profundidad a un país que hasta entonces había sido de unos pocos. Y así escribieron, no sin dificultades, la primera Constitución española.

No es de extrañar que la Constitución no agradase en absoluto a los monárquicos, ya que en ella los diputados dejaron escrito que «la Nación española es libre e independiente, y no es ni puede ser patrimonio de ninguna familia ni persona», añadiendo que «la soberanía reside esencialmente en la Nación», que era «la reunión de todos los españoles de ambos hemisferios». Con la Constitución de 1812 España dejaba de ser propiedad de la familia Borbón y pasaba a ser patrimonio de la nación, es decir, de todos los españoles. Frente a este profundo cambio de paradigma, los partidarios de la monarquía absolutista, coléricos e irritados, coreaban en sus manifestaciones: «Viva el rey absoluto y muera la nación». Porque la nación, lejos de ser un invento conservador o reaccionario, nació enfrentada a los monárquicos y fue un rasgo de la identidad progresista y revolucionaria de la época. Nación frente a la privatización del país en unas pocas manos nobles. Nación frente al absolutismo monárquico.

Finalmente, la Constitución de 1812 acabaría aprobándose un 19 de marzo de 1812, día de San José. Por eso comenzó a ser conocida de manera informal entre los españoles como «la Pepa» (forma en femenino del diminutivo cariñoso de José), y desde entonces el grito de «¡Viva la Pepa!» se convirtió en uno de los primeros eslóganes progresistas españoles. Cuando se aprobó la Constitución, Agustín Argüelles, diputado liberal por Asturias, proclamó: «¡Españoles, ya tenéis patria!». En esas cuatro palabras Argüelles resumió todo lo que había ocurrido en esos años. Por fin España dejaba de ser una propiedad privada y empezaba a ser de su pueblo. Había nacido la nación española.

Liberales y serviles

> En Cádiz se pronuncia por vez primera en el mundo, y España se la da al diccionario político la palabra liberal [...] España creó la voz liberal porque era un pueblo hambriento de libertad.
>
> FERNANDO DE LOS RÍOS

> La voz de liberal, aplicada a un partido o a individuos, es de fecha moderna y española en su origen, pues empezó a ser usada en Cádiz en 1811, y después ha pasado a Francia, a Inglaterra y a otros pueblos.
>
> ANTONIO ALCALÁ GALIANO

Karl Marx, años antes de publicar el *Manifiesto comunista* junto con su amigo Engels, dedicó un buen tiempo a estudiar historia de España. En una serie de artículos publicados en el *New York Daily Tribune*, que más adelante serían recopilados en un libro titulado *La España revolucionaria*, Marx se interrogaba sobre cómo era posible que uno de los regímenes constitucionales más avanzados de la Europa de principios del siglo XIX hubiese podido surgir en «la vieja España monástica y absolutista». El filósofo alemán estaba fascinado por la capacidad de los españoles de luchar por la libertad al tiempo que lo combinaban con una pasión popular y al mismo tiempo revolucionaria. No por casualidad, acabaría por darse cuenta el barbudo pensador, el liberalismo había nacido en España.

La Revolución Española frente a las tropas francesas y el Antiguo Régimen estaba en su máximo apogeo. Mientras guerrilleros y soldados luchaban en el frente, en la gaditana Isla de León se debatía la primera Constitución de la historia de España. Aquellas eran jornadas largas y duras en las que se discutía de todo y entre todos. No había motivos para rezagar las expectativas ni para ser cobardes. España estaba luchando una guerra contra el invasor francés y al mismo tiempo contra el Antiguo Régimen, y ese nuevo espíritu combativo debía quedar inmortalizado en una Constitución. La tarea no era menor: en Cádiz se estaba discutiendo el régimen constitucional más avanzado de Europa.

En una de las intensas jornadas en las Cortes de Cádiz se puso a debate la primera de las leyes constitucionales, la de la libertad de imprenta. Aquel debate fue propicio para que, en palabras del conde de Toreno, los diputados presentes se dividiesen entre aquellos que eran «amigos de las reformas y aquellos que les eran opuestos». Desde entonces «el público distinguió con el apellido de "liberales" a los que pertenecían al primero de los dos grupos»[7] y como «serviles» a los que pertenecían al segundo. Según Agustín Argüelles, uno de los padres de la Constitución de Cádiz, por «la frecuencia con que se usaba en las discusiones y debates la palabra liberal [...] para expresar todo lo que por su espíritu y tendencia conspiraba al establecimiento y consolidación de la libertad», se acabó utilizándola «para señalar a los diputados que promovían las reformas, aplicando en contraposición el de servil a los que la impugnaban y resistían».[8] Liberales o serviles. Progreso o reacción. Ese iba a ser el debate constante en España a partir de entonces.

La Revolución Española enseñó a los españoles a repudiar no solo el dominio de un tirano extranjero como Napoleón, sino la tiranía como principio. Al mismo tiempo que se luchaba contra la invasión napoleónica y Fernando VII era mantenido a todo lujo en Francia mientras el pueblo luchaba en las calles por la independencia, nació en los españoles un anhelo de libertad que los empujaba a luchar contra la tiranía bajo cualquier circunstancia. Fuese extranjera o nacional, la tiranía no podía ser tolerada. No por casualidad gran cantidad de los líderes populares como el Empecinado, Francisco Espoz y Mina o

7. Conde de Toreno (1835), *Historia del levantamiento, guerra y revolución de España*, vol. III, 1835, p. 463.

8. Agustín Argüelles, *Las cortes de Cádiz. Examen histórico de la reforma constitucional*, 1835.

Rafael del Riego se convirtieron no solo en feroces combatientes contra la ocupación francesa, sino también en rudos opositores del absolutismo de Fernando VII. Las dos luchas iban unidas y a aquellos patriotas que pretendían liberarse al mismo tiempo de la tiranía nacional de Fernando y de la extranjera de Napoleón los empezaron a llamar liberales, un concepto que hasta el momento nadie utilizaba en el debate público cotidiano.

Como recuerda Gerardo Pisarello, «el liberalismo, como categoría política, no existía en Europa antes del siglo XIX, y fue una original aportación gaditana al lenguaje posterior. Antes de Cádiz, liberal era un adjetivo vinculado al sustantivo "liberalidad" que implicaba una manera noble y generosa de pensar y tratar a los conciudadanos. Cicerón había utilizado la expresión *liberalitas* en su ensayo *Sobre los deberes*, para contraponerla al indeseable egoísmo de las relaciones sociales».[9] Por lo tanto, un liberal era aquel que daba y recibía de un modo en el que contribuía al bien común. De cada cual según su capacidad y a cada cual según su necesidad, que se empezaría a decir más tarde. Una concepción de liberalismo muy alejada de los conceptos egoístas a los que nos tenemos que enfrentar hoy en día.

Un liberal era alguien que pretendía no estar sometido a otros y ser amo de sí mismo. Nunca se trató de una defensa de la gran propiedad, de la ausencia de reglas o de aprecio por el *statu quo* por el que han hecho pasar al liberalismo durante los últimos años, sino por una cuestión

9. Gerardo Pisarello, *Dejar de ser súbditos. El fin de la restauración borbónica*, 2021, p. 114.

de emancipación nacional respecto del invasor extranjero, pero también del tirano local personificado en el rey. De esa manera, la España de principios del siglo XIX inauguró el concepto de liberalismo para definir a aquellos que defendían la libertad y la soberanía nacional frente a los serviles que estaban a favor del absolutismo y la soberanía personal del monarca. El liberalismo es una ideología que hunde sus raíces en lo más profundo de nuestra historia popular y significa progreso, lucha y emancipación.

La estrategia del Empecinado

Napoleón, al final de su vida y ya exiliado en la isla de Santa Helena, reconoció que España supuso la destrucción de su reputación en el mundo. El ejército francés, curtido en mil batallas por toda Europa, se vio abocado a una humillante derrota en suelo ibérico frente a unas fuerzas claramente inferiores. La derrota de Napoleón no fue fruto del ejército español, que apenas estaba preparado para repeler una invasión extranjera, y mucho menos de los jefes militares de la corte de Fernando VII, que corrieron a ponerse bajo el ala de los invasores franceses antes del primer disparo. La dura resistencia a la que Napoleón fue sometido en España fue obra de su pueblo, que por primera vez iba a tomar parte directa en la escritura de la historia de España.

Junto al liberalismo hay otra palabra que nos regaló el siglo XIX español y que años después se volvería internacional: guerrilla. Durante los últimos años se ha oído sobre todo asociada a las aventuras revolucionarias del Che Guevara por Latinoamérica o de la guerrilla kurda que combatía contra las huestes del Estado Islámico. Pero el concepto de guerrilla nació en España casi al mismo tiempo que el liberalismo. Esa técnica que más tarde ayudaría a los cubanos a derrocar la dictadura de Batista, a los vietnamitas a librarse de la invasión estadounidense y a los maquis a luchar contra Franco, es orgullosamente española y la inauguró y le puso nombre nuestro pueblo en un momento muy difícil de su historia.

Puesto que no se podía esperar que la corte de Fernando plantase cara a los franceses haciéndoles la guerra, los españoles más humildes, con sus también humildes métodos y herramientas, les harían la guerrilla. Es decir, la estrategia militar que, teniéndose que enfrentar a un enemigo mayor, más fuerte y mejor organizado, utiliza pequeños ataques móviles, más pequeños y constantes con el objetivo de desgastarlo.

El resultado fue redondo. Un enorme ejército invasor que se desangraba poco a poco frente a una población que le hacía la guerra de guerrillas. Lo verdaderamente formidable es que quienes formaban parte de la guerrilla no eran los grandes apellidos de España ni tampoco los jefes militares de la corte monárquica, sino los trabajadores humildes de las tierras de España alzados en armas contra el invasor. Aquellos inesperados nuevos combatientes salieron del pueblo y formaban parte del pueblo. Precisamente por eso conocían a la perfección el terreno en el que se desarrollaba la batalla contra los franceses, porque lo habían trabajado con sus propias manos y sabían moverse por él mucho mejor que cualquier noble que pretendiese dárselas de general o que cualquier militar francés. Conocían al dedillo la geografía y, sobre todo, cualquier acción se efectuaba con el apoyo unánime de los habitantes de cada pueblo o ciudad. Era una pelea de David contra Goliat, pero David estaba familiarizado con el terreno y tenía la simpatía de toda la población.

Mientras los señoritos huían con el rabo entre las piernas para someterse a los franceses, el pueblo tomaba las armas, y tomando las armas nombraron a sus propios generales aboliendo el privilegio del mando militar que hasta entonces había estado reservado a la aristocracia. Los líderes militares ya no se decidían en función del apellido, del dinero, de la nobleza o por otras cualidades de sangre. Los decidía el pueblo. Y de ahí surgieron algunos de los líderes populares más relevantes de la historia militar de España, como el campesino Francisco Espoz y Mina, el molinero José Manso, el pastor Gaspar de Jáuregui o el mozo de mulas Juan Martín el Empecinado. Todos ellos salidos de las clases populares españolas que, frente al desorden de los de arriba, ocuparon los principales puestos de defensa de España contra los franceses primero y contra el absolutismo monárquico después.

Esta realidad supuso que el ejército español pasase a constituir una anomalía entre los ejércitos europeos de la época. La resistencia contra los franceses lo vació de mandos nobles y lo llenó de personas que procedían del pueblo llano. Eran trabajadores humildes que, por su condición social y por haber visto como en momentos difíciles para el país los aristócratas huían dejando sola a la gente común, adoptaron ideas progresistas que a partir de entonces no dejarían de defender frente al absolutismo.

El ejemplo del Empecinado es paradigmático. Juan Martín Díez, apodado el Empecinado, fue un labrador y mozo de mulas vallisoletano que, en el momento en el que Napoleón entró en España y todos los poderes antiguos se sometieron al nuevo emperador, se echó al monte organizando una partida de guerrilleros formada por amigos y familiares para luchar contra la ocupación francesa. Durante años participó en campañas guerrilleras ante el horror de los franceses, que se veían hostigados por todos lados, y el temor de los nobles españoles, a los que les asustaba su progresismo, su compromiso con la Constitución de 1812 y su talante antiabsolutista como hombre del pueblo. Una vez terminada la guerra contra los franceses y devuelto Fernando VII al poder, el Empecinado, gran defensor de la Constitución de Cádiz, mandó un mensaje muy claro al monarca: «Diga usted al rey que si no quería la Constitución que no la hubiera jurado, que el Empecinado la juró y jamás cometerá la infamia de faltar a sus juramentos». Por desgracia, como todos los que lucharon por la independencia española y no pretendían volver a ponerse bajo el yugo absolutista de los Borbones, el Empecinado fue ahorcado por liberal por orden del rey y en nombre del Antiguo Régimen.

La guerrilla salió del pueblo y defendió al pueblo, por eso los poderosos, que antes que españoles siempre han sido más de su dinero, terminaron persiguiendo a los líderes guerrilleros.

Vuelve Fernando y se acaba España

Napoleón Bonaparte, el hombre que había construido el primer Imperio francés y que durante una década había dominado Europa, estaba exhausto. España le estaba costando muchas más derrotas de las que había imaginado y ya no podía aguantar más. La alianza entre guerrilleros españoles y militares británicos fue fatídica para él. Napoleón, derrotado, tuvo que firmar la paz y salir con el rabo entre las piernas de un país que nunca logró dominar del todo. El emperador había perdido la guerra y se retiraba de la península. España se vaciaba de franceses, pero quedaba llena de los líderes populares que habían luchado contra la invasión, de las juntas provinciales de defensa, de las ideas de las Cortes de Cádiz, de sus diputados liberales y, sobre todo, de una Constitución que decía, por primera vez, que la soberanía residía en el conjunto de los españoles y no solo en un rey.

Habían pasado muchas cosas en apenas seis años. España había cambiado por completo. Pero Fernando VII, desde su cómodo exilio francés, tan solo vio en la derrota de Napoleón una oportunidad para volver a España, ese territorio que, como demostró en 1808, entendía más como propiedad personal que como país. En un primer momento Fernando llegó con preocupación y dudas. No sabía si sería posible acabar con el régimen constitucional que habían construido los españoles mientras él disfrutaba de su erasmus francés subvencionado por Napoleón. Por fortuna para él, la Constitución de 1812, a pesar de haber acabado con el antiguo régimen absolutista y haberle arrebatado la soberanía única, todavía lo reconocía como rey de España y le otorgaba un papel político importante. Eran los primeros años del siglo XIX y todavía eran pocos los que se atrevían a hablar abiertamente de república, pero con la Constitución de 1812 el poder del rey se había reducido muchísimo más de lo que Fernando y su corte absolutista podían aceptar.

Por eso Fernando no se hizo esperar y desde el primer día que pisó la península comenzó a conspirar para recuperar el poder. Para ello, el régimen constitucional debía caer, y con él todos los liberales. Se debía restablecer la monarquía absoluta y acabar con ese disparate moderno de la soberanía nacional. España debía volver a ser una propiedad personal del rey.

El día 4 de mayo de 1814 se publicó un decreto real en el que Fernando VII renunciaba explícitamente a acatar la Constitución. Sus palabras fueron: «Declaro que mi Real ánimo es, no solamente no jurar ni acceder a dicha Constitución, ni a decreto alguno de las Cortes generales y extraordinarias ni de las ordinarias actualmente abiertas [...], sino el de declarar aquella Constitución y aquellos decretos nulos y de ningún valor ni efecto, [...] como si no hubiesen pasado jamás tales actos y se quitasen de en medio del tiempo».[10] Así ninguneaba Fernando VII a los españoles que, durante seis años, habían peleado duramente contra la invasión napoleónica mientras él vivía con tranquilidad en Francia y los

10. Decreto de Valencia de Fernando VII publicado el 4 de mayo de 1814.

borraba de la historia «como si no hubiesen pasado jamás».

Su primera acción de gobierno tras su vuelta de Francia fue, en primer lugar, abolir la Constitución de 1812 y, en segundo lugar, perseguir a todos los constitucionalistas. De esta manera Fernando VII consumaba un golpe de Estado contra el primer régimen constitucional español. Paradójicamente, el mismo régimen que le había permitido conservar la corona mientras él pasaba los días cómodamente instalado en su palacio de Valençay. Fernando VII no solo fue un traidor a su reino cuando lo abandonó a la mínima presión extranjera, sino que además fue un traidor a todos los españoles que habían luchado por su vuelta encarcelándolos una vez recuperado el poder. Fernando VII era un dictador y ningún dictador lleva bien que le quiten el poder ni tampoco compartirlo con el pueblo al que quiere dominar. El rey recuperaba España como quien recuperaba una propiedad ocupada. Para él no era un país, era una corte. Y le pertenecía por derecho divino.

Pero la Constitución de 1812 y la lucha contra la tiranía francesa habían plantado una semilla en el corazón de todos los españoles y España no volvería a ser nunca más igual. No podía ser una propiedad privada de un rey. Era de su gente. Así comenzaba el principio del fin del absolutismo.

Principio del fin

> Los españoles se echaron a la calle y no volvieron nunca a casa.
>
> BENITO PÉREZ GALDÓS

Se había vuelto a la casilla de salida. Era 1814 y Fernando VII volvía a ocupar el trono que le había arrebatado a su padre hacía seis años, y el final de la guerra de Independencia no había significado ningún progreso material ni espiritual para España. Las instituciones liberales que se habían creado en ausencia del rey y la nobleza fueron abolidas, sus principales líderes encarcelados, asesinados u obligados al destierro, y la primera Constitución española fue enviada a la basura. La estructura económica y social de la España anterior a 1808 permanecía vigente y todas las innovaciones que trajeron las Cortes de Cádiz fueron borradas de un plumazo. Parecía que todo estaba perdido y que había que volver a empezar. Sin Constitución, sin libertad y con rey otra vez. Pero las guerras y las conquistas sociales no se olvidan tan fácilmente, y mucho menos aquellas que habían costado sangre y sudor a un pueblo que, por primera vez en siglos, había sido protagonista de su propia historia. Todo lo que había ocurrido desde 1808 había cambiado para siempre lo que sería España a partir de entonces. La solidez del Antiguo Régimen estaba totalmente resquebrajada.

Este convulso periodo había permitido la difusión de nuevas ideas que se enfrentaban al absolutismo, se había producido un agrupamiento de los sectores más progresistas, el liberalismo había empezado a dar sus primeros pasos en la lucha contra el viejo sistema, se había escrito la primera Constitución, en la que se dejaba por escrito que el poder residía en el pueblo español en su conjunto y no en ningún monarca absoluto, había existido un parlamento moderno, un importante sector de la población comenzó a estar interesado por la participación en los asuntos públicos y, sobre todo, el pueblo había sentido lo que era estar, por primera vez, a cargo de su propia defensa mientras los grandes apellidos permanecían callados. Los españoles se echaron a la calle en 1808 y ya no volvieron nunca a casa.

3

España no se rinde

Fernando se traga el Himno de Riego

Cómo sufrís que un mortal se haya erigido en rey absoluto y os domine y goce de vosotros como si para él fueseis creados.

Rafael del Riego

Trágala, trágala,
vil servilón,
tú que no quieres
Constitución.

El «Trágala», canción liberal

En 1820 Fernando VII estaba tranquilo de vuelta en su trono tras un erasmus de lujo en Francia subvencionado por Napoleón. Para él la guerra de Independencia había sido un cómodo paseo, un simple juego de tronos. Por eso, tras ese breve paréntesis en el que había vendido a España, abandonado el país y vivido al margen del conflicto con una buena pensión francesa mientras los españoles luchaban contra Napoleón, Fernando VII estaba tranquilo, pero el pueblo español no. No entendía el monarca felón que, tras su traición a España, años de guerra popular y la proclamación de la primera Constitución española, que entregaba —por primera vez en la historia— el poder soberano al pueblo en lugar de al rey, los españoles no iban a olvidarlo todo como si hubiese sido un mal sueño. Es cierto que Fernando se empleó a fondo en asesinar, como viene siendo tradición entre los dictadores que luchan contra el progreso, a todos los españoles que además de luchar contra Napoleón también lo hicieron contra el régimen absolutista. Sin embargo, el ansia de libertad había anidado entre la gente y sus raíces eran demasiado fuertes y profundas como para poder arrancarlas como a Fernando le habría gustado.

Por eso, a pesar de estar muy tranquilo, a Fernando el progreso le volvió a explotar en la cara.

El 1 de enero de 1820 el general asturiano Rafael del Riego se levantó contra el régimen asesino de Fernando VII en Las Cabezas de San Juan (Sevilla) y proclamó la vuelta de la Constitución de 1812. Riego tenía una misión real: viajar con su ejército a las colonias americanas para aplastar las revueltas independentistas que, por esa época, estaban llevando a cabo las naciones latinoamericanas. Sin embargo, Riego era un hombre listo y noble que entendía que, lejos de reprimir a quienes combatían por la libertad de sus países en los territorios americanos, tenía que luchar él mismo por la libertad de su propio país en el territorio nacional. Era demasiado pronto para que los españoles olvidasen lo que habían conseguido en ausencia de los Borbones y lo que habían perdido en cuanto Fernando recuperó el trono.

Durante los siguientes meses, militares progresistas de toda España se pusieron a las órdenes de Riego y surgieron por doquier «sociedades patrióticas» posicionadas contra el absolutismo. La monarquía estaba, por primera vez en nuestra historia, en el punto de mira del pueblo español. Hay un momento muy representativo de esta situación, cuando las multitudes rodearon el Palacio Real de Madrid y miembros de la familia real pidieron que el ejército abriera fuego contra esas personas, a lo que el general Ballesteros, gobernador militar de la capital, declaró que «no es posible contar con el ejército para tales fines». Los Borbones habían perdido la partida y no tenían más remedio que ceder. Así comenzaba lo que se conoce como el Trienio Liberal.

Fernando VII se vio obligado a aceptar la Constitución de 1812 de nuevo, abolir el tribunal de la Inquisición, acabar con el diezmo de la Iglesia y empezar a librarse de las estructuras económicas del Antiguo Régimen. España quería modernizarse, y Fernando era un impedimento. Aun así, se le permitió seguir siendo el rey de España, a pesar de sus múltiples traiciones a los españoles. Todavía era pronto para pensar en la república.

En ese contexto Fernando VII, aterrorizado ante la vitalidad revolucionaria del pueblo al que había reprimido severamente durante los últimos años, pronunció sus famosas palabras «Marchemos francamente, y yo el primero, por la senda constitucional». Tras años de oscuridad, represión absolutista y persecución de las ideas liberales, comenzaba un tiempo de esperanza para España. Las prisiones repletas de antiabsolutistas se abrieron y los revolucionarios desterrados regresaron a España. Se abolieron impuestos antiguos de la Iglesia, se clausuró definitivamente la Inquisición, desaparecieron los mayorazgos como estructura de propiedad característica del Antiguo Régimen, se sentaron las bases de la enseñanza pública moderna y se crearon los principales reglamentos universitarios. El Gobierno revolucionario cumplía, en palabras del historiador Tuñón de Lara, una obra de primer orden cuya necesidad se vio confirmada en el transcurso del siglo.

De aquella época de fervor popular, lucha contra el absolutismo y aires revolucionarios, se conserva el «Himno de Riego» como cántico nacional y popular contra la tiranía borbónica que, un siglo más tarde, se convertiría en el himno de la Segunda República.

Los españoles tomaron las calles cantando y celebrando que Fernando volvía a perder su poder absoluto, y que la Constitución de 1812, por la que tanto se había luchado en ausencia del monarca, volvía a estar vigente. La división política de aquel momento estaba clara: o el poder lo tenía un rey absoluto, o lo tenían los españoles. Y, en consecuencia, se compuso el «Trágala», una canción liberal que celebraba que Fernando tuviese que tragarse la Constitución de 1812 por mucho que no quisiera y la detestase. Pero lo hizo. Lo hizo porque todos los pérfidos reyes que ha sufrido nuestro país siempre han hecho lo necesario para agarrarse a sus privilegios de cualquier manera posible, firmando lo que hiciese falta y aceptando lo que fuese necesario, pero nunca de manera sincera ni honesta, sino con la intención de ganar tiempo para conspirar y recuperar el poder. Y eso es precisamente lo que hizo Fernando VII: conspirar para volver a traicionar a España.

Fernando contra España, una vez más

> Que desaparezca para siempre del suelo español hasta la más remota idea de que la soberanía reside en otro que en mi real persona.
>
> FERNANDO VII

> El glorioso imperio de las *caenas* había empezado. Ya se podía decir con toda el alma: ¡Viva el rey absoluto! ¡Muera la nación!
>
> BENITO PÉREZ GALDÓS, *Los Cien Mil Hijos de San Luis* (1877)

Frente a una Europa dominada de nuevo por monarquías absolutas, España había erigido en 1820 la bandera de la libertad frente a la tiranía. El de Riego fue un ejemplo comparable al de los revolucionarios franceses que, en 1789, derrocaron a Luis XVI. La diferencia es que, en España, no nos atrevimos a hacer nada contra nuestro monarca. Pero desde luego él sí se atrevió con nosotros.

Por el momento el rey estaba controlado. Solo decía lo que las Cortes le permitían decir, parecido a lo que ocurre hoy en día. Sin embargo, eso no significaba que el rey no tuviese una agenda oculta y unos intereses subterráneos por los que no iba a dejar de trabajar. Mientras Fernando aceptaba de mala gana el régimen constitucional que los españoles le habían hecho acatar, el Palacio Real se convirtió en el centro neurálgico de las conspiraciones que pretendían volver a instaurar una monarquía con poder absoluto.

Su primera intentona fue el 16 de noviembre de 1820, cuando hubo un ensayo de golpe de Estado con el general Carvajal a la cabeza. Sin embargo, el levantamiento terminó en fracaso. Los liberales revolucionarios, junto a las llamadas sociedades patrióticas, salieron a las calles en defensa de la nación frente al absolutismo e impidieron su triunfo. En aquel momento, el rey y sus seguidores comprendieron que, sin apoyo extranjero, sería imposible recuperar el poder perdido.

Por fortuna para ellos, en Europa corrían los tiempos de la Santa Alianza, un pacto entre monarquías absolutas obsesionadas con acabar con el liberalismo, el constitucionalismo y cualquier forma de progreso posible. Estos gobiernos absolutistas consideraban lo que estaba ocurriendo en España con la vuelta a la Constitución de 1812 como «acontecimientos peligrosos para la tranquilidad general de Europa», es decir, para la tranquilidad de su poder absoluto. Lo que más temían era que la Revolución española se extendiese y llegase a contagiar a sus propios países. Por eso iban a ayudar a Fernando a recuperar su poder y acabar con los liberales. Para ello se reunieron de urgencia en el Congreso de Verona, en el que dejaron por escrito que «el gran asunto del Congreso de Verona es la guerra de España». El 22 de noviembre de 1822, Austria, Francia, Prusia y Rusia firmaron un tratado en el que arremetían contra el Gobierno constitucional español frente al Gobierno monárquico por derecho divino, y determinaban que «la situación actual de España y Portugal reúne, por desgracia, todas las circunstancias a que hace referencia este tratado» y, por lo tanto, adjudicaban a Francia la misión de restablecer en España «el estado de las cosas anterior a la Revolución de Cádiz», para lo cual todas las potencias firmantes aportaron un total de 20 millones de francos para financiar la contrarrevolución y la invasión de las fuerzas absolutistas europeas. España, una vez más y en apenas seis años de diferencia, iba a ser invadida por los franceses. Esta vez llamados por nuestro propio rey para que le ayudasen a recuperar el poder que su pueblo le había arrebatado.

Está claro que España no significaba demasiado para el Borbón más allá de ser una propiedad personal que no quería perder bajo ninguna circunstancia. Por eso no le importaba si se invadía, maltrataba, asesinaba o robaba en su país, siempre y cuando eso le sirviese para mantener su poder absoluto.

Si bien en 1808 no le importó demasiado que los franceses invadieran España, en 1823 Fernando lo pidió de manera fehaciente. Francia, que por aquel entonces ya había sucumbido de nuevo a la monarquía absoluta, mandó un gran ejército conocido como los Cien Mil Hijos de San Luis. Y una vez más, de manera trágica, los franceses cruzaban las fronteras españolas, esta vez por deseo del propio rey, para recuperar el poder que los españoles le habían arrebatado hacía apenas una década luchando también contra los franceses que ahora volvían a invadir España.

Con la caída del régimen constitucional bajo la fuerza de los soldados franceses se apresó al general Riego, que fue trasladado a Madrid, donde fue ahorcado y finalmente decapitado de manera cruel en la plaza de la Cebada. El rey traidor declaró que su intención no era otra que la de «que desaparezca para siempre del sueño español hasta la más remota idea de que la soberanía reside en otro que en mi real persona».[11] A partir de ahí Fernando declaró nula la Constitución de 1812, restauró el absolutismo y se dedicó a su más preciada labor: la de perseguir a la disidencia. Inauguraba la llamada Década Ominosa, que convirtió España, en palabras de Flórez Estrada, en «una nación de delatores y perseguidos, de carceleros y encarcelados, de ver-

11 «Real Cédula de S. M. y Sres. del Consejo, por la cual se sirve S. M. fijar las reglas que deben observarse en lo sucesivo para la elección de alcaldes ordinarios y demás capitulares y oficiales de los ayuntamientos de los pueblos del Reino, de 17 de octubre de 1824», en *Gaceta de Madrid* (20 de octubre de 1824).

dugos y víctimas»,[12] una situación que nos recuerda perfectamente a lo que se viviría tiempo después en la España de 1939. El horror tiene profesores antiguos en nuestro país. Se podía leer en los periódicos absolutistas «Es preciso exterminar a los negros [nombre peyorativo dado a los liberales] hasta la cuarta generación».[13] Se estableció una férrea censura, se cerraron periódicos, se clausuraron las sociedades patrióticas, se prohibieron referencias a la Constitución y se empujó al exilio a muchos de los que lucharon contra los franceses, primero entre 1808 y 1814 y luego en 1823.

Mientras tanto, el ejército francés permaneció en España durante varios años protegiendo a un Fernando asustado que temía que, si los soldados franceses retornaban a su país, los españoles volverían a echarlo de su poltrona y a proclamar la Constitución de 1812. España se convirtió en un país secuestrado por un traidor apoyado en un ejército extranjero; podríamos estar hablando del franquismo perfectamente, pero era la España de Fernando VII.

Aun así, toda la represión de Fernando, de su corte de traidores y de sus protectores gabachos no fue suficiente para segar las ansias de libertad de un pueblo que ya había saboreado lo que era tener un país moderno. Y no iba a parar hasta conseguirlo.

12. Álvaro Flórez Estrada, *Representación hecha a S.M.C. el señor D. Fernando VII en defensa de las Cortes*, 1820, p. 117.

13. Fidel Rodríguez, *La inquietud del tiempo: el diputado Félix Varela Morales en las Cortes españolas (1821-1823)*, 2017, p. 507.

María Cristina me quiere gobernar (y robar)

> Fernando VII nos dejó una herencia peor que él mismo, si es posible: nos dejó a su hermano y a su hija, que encendieron espantosa guerra. Aquel Rey que había engañado a su padre, a sus maestros, a sus amigos, a sus ministros, a sus partidarios, a sus enemigos, a sus cuatro esposas, a sus hermanos, a su pueblo, a sus aliados, a todo el mundo, engañó también a la misma muerte, que creyó hacernos felices librándonos de semejante diablo.
>
> BENITO PÉREZ GALDÓS
> en *La Fontana de Oro*

Entre matanza de liberales y matanza de liberales, Fernando VII también tuvo tiempo para el amor. A pesar de (o debido a) que su miembro viril era, en palabras de Prosper Mérimée, «fino como una barra de lacre en su base y tan gordo como el puño en su extremidad»,[14] tuvo hasta cuatro esposas (una de ellas era prima suya y otras dos, sobrinas), pero no fue hasta la última, la recién llegada María Cristina de las Dos Sicilias, también real sobrina suya, que logró tener descendencia. Tras muchos esfuerzos había nacido la que sería Isabel II, una reina que también daría grandes dolores de cabeza a España. En aquel momento, los excesos amatorios y hedonistas de su inde-

14. Marta Cibelina, *Los Borbones y el sexo. De Felipe V a Felipe VI*, 2021.

coroso padre anunciaban que pronto habría de producirse una sucesión. Ante esta posibilidad, el hermano de Fernando VII, el infante Carlos María Isidro, consideró que, puesto que Fernando no había tenido hijos varones, el trono debería pasar a él mismo y no a su sobrina Isabel. Pero Fernando, que estaba muy contento por haber conseguido tener por fin descendencia con su sobrina María Cristina, no concordó con esa opinión y encargó su sucesión «hasta que Dios no me dé un hijo varón» a su hija Isabel, lo que costaría hasta tres guerras civiles entre carlistas e isabelinos a lo largo del siglo XIX.

Fernando VII murió en 1833 y, como su hija Isabel era demasiado pequeña para reinar, se decidió que su madre María Cristina de Borbón actuaría como reina regente hasta la mayoría de edad de la joven. Esto no hizo ninguna gracia a Carlos María Isidro, que insistía en la idea de que le correspondía la corona como legítimo sucesor de su hermano Fernando. María Cristina se encontró con un gran problema de sucesión y, puesto que Carlos María Isidro estaba reuniendo tropas y leales que le aclamaban como rey legítimo, la regente tuvo que pedir ayuda a los liberales (que, pocos años antes, su propio marido —y tío— Fernando VII había reprimido hasta la muerte) para que la ayudasen a conservar el trono. Así comenzaba una relación complicada entre la monarquía y el liberalismo en España.

En el inicio de su regencia, María Cristina tuvo que ponerse de acuerdo con los liberales, pues Carlos María Isidro insistía en que el trono le pertenecía. Como consecuencia, se desataron las primeras guerras carlistas, otro conflicto dinástico en el que perdieron la vida españoles de a pie por culpa de las disputas de sus gobernantes. Sin embargo, en el fondo lo que se libraba era una lucha entre Antiguo Régimen y liberalismo, donde Carlos María representaba el papel de la monarquía absoluta tradicional y María Cristina el de reina «constitucional», o por lo menos fue de eso de lo que se tuvo que vestir para que los militares progresistas luchasen a su lado defendiendo el mal menor frente a la barbarie absolutista. A pesar de todo, durante la guerra sí se hicieron algunos esfuerzos progresistas como la desamortización de Mendizábal, por la que se vendieron bienes de la Iglesia para financiar el esfuerzo militar contra los carlistas.

La regencia de María Cristina fue una espiral de traiciones a los liberales, de idas y venidas de gobiernos conservadores a los que la reina siempre intentaba beneficiar, y un escenario de fondo marcado por la lucha contra los carlistas. Al mismo tiempo, como digna representante de la dinastía Borbón, María Cristina no perdió el tiempo y aprovechó su regencia para llenarse los bolsillos tanto como pudo. Junto a su nuevo marido, un duque-marqués aficionado al dinero fácil llamado Fernando Muñoz, amasaron una gran fortuna participando en el lucrativo mercado de esclavos, en el negocio del azúcar de las colonias, en la explotación minera en el norte de África con mano semiesclava y en la construcción de líneas ferroviarias que, casualmente, siempre se construían por donde al bolsillo de María Cristina más le convenía. La reina regente dedicó más tiempo a engordar su cartera que a ganar la guerra a los carlistas o a impulsar las reformas que el Estado necesitaba para ser funcional. Como siempre, la marca personal de la casa Borbón fue anteponer el patrimonio a la patria.

Entre tanta corrupción y sinvergonzonería y con una Isabel II todavía menor de edad, Baldomero Espartero, un militar progresista que gozaba de amplio reconocimiento por sus batallas contra el absolutismo carlista, protagonizó una revolución en 1840 tras la que María Cristina, como ya empezaba a ser habitual entre los Borbones, tuvo que abandonar el país. El regente de Isabel II pasaba a ser Espartero y su ambición era convertirla en una reina constitucional alejada del absolutismo de su padre, de su madre y de su tío. Sin duda, una tarea difícil para un Borbón de aquella época. La historia siguió discurriendo entre giros conservadores y revueltas progresistas hasta que Isabel tomó posesión de la corona y, para sorpresa de nadie, continuó haciendo exactamente lo mismo que había hecho su madre y harían después sus hijos y nietos: enriquecerse a costa del pueblo español.

La tendencia era la misma y el desencanto cada vez era mayor. Consecuencia de ello fueron las protestas antimonárquicas que se desarrollaron durante el año 1854 por toda la península. La Revolución española de 1854, conocida también como la Vicalvarada, le explotó en la cara a una joven Isabel II que, como su madre, siguió reinando pensando más en su bolsillo que en su país. Moderados, progresistas y demócratas apoyados por un importante contingente de militares progresistas y obreros (que cada vez empezaban a tener más fuerza en el debate nacional) se sublevaron para apartar del poder a la corte corrupta que rodeaba a Isabel II. Ante el desorden, la reina pidió ayuda de nuevo a Espartero para reconducir la situación y conseguir salvar el cuello. El militar progresista puso sus condiciones. Si la reina quería su ayuda, se deberían convocar Cortes constituyentes para redactar una nueva Constitución, su madre (María Cristina) debería responder a las acusaciones de corrupción que todavía tenía abiertas y, además, Isabel debía publicar un manifiesto reconociendo los errores cometidos durante su reinado. La reina, temerosa de su propio pueblo, aceptó todas las condiciones. Así comenzaba el Bienio Progresista de 1854-1856, en el que, una vez más, se intentó acercar la monarquía borbónica hacia postulados más liberales y avanzados a su tiempo. Durante esos convulsos años se logró redactar una nueva Constitución, la de 1856, bastante innovadora y moderna. Sin embargo, cuando estaba a punto de ser aprobada, el general Leopoldo O'Donnell dio un golpe contrarrevolucionario y devolvió el dominio del país a la camarilla borbónica de siempre. De nuevo, el poder volvía a sus cauces habituales.

El pueblo español cada vez estaba más cansado y descreído respecto a lo que la monarquía le podía ofrecer y estaba agotado del ninguneo al que los Borbones sometían a la nación constantemente. El historiador y militante demócrata Fernando Garrido dijo en aquella época: «Dejar a la familia Borbón dominando en España sería obligar al pueblo a estar siempre en guardia para defender las libertades que acaba de conquistar, porque los Borbones han sido siempre, y en todas partes, los enemigos jurados de la libertad e independencia de las naciones».[15] El deterioro del

15. Fernando Garrido, *El pueblo y el trono*, 1854, p. 11.

régimen borbónico ya era imparable, y cada nuevo escándalo de Isabel II y de su madre María Cristina, que aun exiliada seguía trapicheando en España, hacía que la indignación popular estuviese más cerca de estallar. Hasta que estalló y, de nuevo, un Borbón tuvo que huir de España.

¡Viva España con honra!

> No debe aplicarse la palabra jamás, pero es tal la convicción que tengo de que la dinastía de los Borbones se ha hecho imposible para España, que no vacilo en decir que no volverá jamás, jamás, jamás.
>
> JOAN PRIM, discurso en las Cortes, febrero de 1869

Cada capítulo de la historia de España que se inaugura con la huida de un Borbón es una oportunidad para el progreso. Durante la primera ausencia borbónica en suelo español se inventó la guerrilla, se desarrolló el liberalismo, se acabó con el absolutismo y se redactó la primera Constitución española. Se dice pronto. Había alicientes más que suficientes para volver a intentarlo. Sobre todo, en un momento en el que los españoles se habían dado cuenta de que no bastaba con intentar hacer más progresista el reinado tiránico de Isabel II de la misma forma que las malas hierbas no se extinguen recortándoles un poco las puntas, sino arrancándolas de raíz. Exactamente eso era lo que debían hacer: arrancar la dinastía borbónica de raíz.

El 22 de junio de 1866 se hizo el primer intento. En el cuartel de artillería de San Gil, en Madrid, se produjo una sublevación de militares patriotas con la intención de derribar a la reina. La sublevación fue rápidamente reprimida, pero parece ser que no lo suficiente a ojos de la monarca, puesto que, tras haber acabado con el levantamiento, Isabel II destituyó al general O'Donnell, hasta entonces su mano derecha, por considerar que había sido demasiado blando con los insurrectos (a pesar de que fusiló a sesenta y seis de ellos).[16] Fue la primera vez que un movimiento revolucionario, lejos de intentar reformar la monarquía o imponer algún cambio de ministros o de rumbo, puso en duda su propia legitimidad. A partir de entonces la aspiración de los liberales y patriotas españoles pasó de querer reformar la monarquía a querer destronar a los Borbones.

Desde liberales a conservadores, pasando por los incipientes socialistas, se había llegado a un punto en común: los Borbones eran un lastre para España y era preciso librarse de ellos para modernizar el país. Era tan grande el consenso y tan evidente que Isabel II debía abandonar el trono junto a toda su corrupción que incluso se permitieron esperar pacientemente hasta el verano de 1868 para hacer la revolución, con el propósito de que en ese momento la reina se encontrase de vacaciones en

16. Jorge Vilches, *Progreso y libertad. El Partido Progresista en la Revolución liberal española*, 2001, p. 70.

San Sebastián y estuviese más cerca de la frontera con Francia para que pudiese exiliarse sin que nadie la pudiese detener antes y repetir lo que vivieron los reyes franceses en sus reales cogotes unas décadas atrás.

La corrupción se había hecho insostenible y, sumada a una crisis económica, fue más humillación de la que los españoles podían aguantar. La Revolución de 1868, conocida como la Gloriosa, estalló. En el Cádiz revolucionario, siempre al pie del cañón de los cambios progresistas en España, se revelaron las tropas al mando de Juan Bautista Topete y del general Joan Prim.

Las calles del país se inundaron de españoles que gritaban «Viva España con honra» y cantaban el «Himno de Riego» a todo pulmón. Las ganas intactas de que España progresase lejos de la corrupción endémica que habían representado (y seguirían representando más adelante) los Borbones hicieron que el proceso fuese tan popular y sencillo que apenas necesitó de violencia. Los Borbones estaban ampliamente desacreditados; sin embargo, aunque ya hubo pequeños estallidos republicanos por el territorio (se había llegado a proclamar la República en Figueres), en España todavía era pronto para hablar de república. Por lo tanto, la obsesión del nuevo régimen se centró en encontrar un nuevo rey para España. Uno lo suficientemente liberal para entender lo que era una Constitución y no intentar gobernar al margen de ella como habían hecho sin cesar los Borbones hasta el momento. Fue difícil, pero Prim lo consiguió. Amadeo de Saboya, un noble italiano, vendría a España a ejercer de monarca constitucional. Era triste que los españoles, tras décadas de lucha contra traiciones monárquicas, se tuvieran que conformar con un rey extranjero que, de una vez por todas, estuviese dispuesto a acatar una Constitución. Sin embargo, todo se complicó. Joan Prim fue asesinado por conspiradores que se disputaban el trono de España, y Amadeo de Saboya, habiendo perdido su principal apoyo y tras dos años de difícil reinado, constató que no podía hacer nada con España y se volvió a Italia a vivir una vida de noble tranquilo lejos de los problemas hispánicos. España volvía a quedarse sin rey.

República sin republicanos

Así se proclamaba en España, tras haber expulsado a una Borbón y haber asustado a un Saboya, la Primera República Española. El 8 de junio de 1873, y con el voto a favor de 218 diputados y solamente dos en contra, se proclamó la República Democrática Federal Española. ¿El problema? Había pocos republicanos y demasiados enemigos de la República. La verdad es que el nuevo régimen llegó sin que nadie lo esperase. No fue tanto un producto de la fuerza del movimiento republicano (que ya era fuerte en las grandes ciudades pero que todavía no cosechaba demasiadas simpatías en la España rural) como de una casualidad histórica. El propio presidente de la República, el catalán Pi i Margall, reconocería que esta «vino por donde menos la esperábamos». Los españoles se habían cansado de los Borbones, pero no les habían podido encontrar sustituto, y ante la ausencia de un monarca no quedó otra posibilidad que establecer la República.

La Primera República nacía en un contexto muy complicado y poco favorecedor; sin embargo, se atrevió a plantear objetivos muy ambiciosos y altamente necesarios como la abolición definitiva de la esclavitud, la siempre difícil separación de la Iglesia y el Estado, la ansiada jornada laboral de ocho horas, la educación obligatoria y gratuita para los niños españoles, la eliminación de los títulos de nobleza, el sufragio universal y las primeras regulaciones sobre el mundo del trabajo, que otorgarían derechos que, hasta el momento, ni se habían imaginado en nuestro país. La República se desarrolló de la mano del incipiente movimiento democrático y progresista que comenzaba a tomar forma en España y que, recogiendo lo mejor del liberalismo de principios de siglo, apuntaba hacia objetivos más ambiciosos y democratizadores. La mayoría de los demócratas de aquella época ya habían roto definitivamente no solo con los Borbones, sino con todo tipo de monarquía sin importar su apellido. Es por eso por lo que la mayoría de los grandes poderes oligárquicos de España comenzaron a ver con pavor que, ante la ausencia de monarquía, el pueblo les arrebatara su posición privilegiada y de dominio, así que se volvieron, una vez más, defensores de los Borbones como única dinastía posible frente a la nueva forma de gobierno republicano.

La República enseguida se vio rodeada de problemas. Las clases populares españolas vieron una oportunidad de oro para exigir más poder, democratizar el Estado y repartir la riqueza. Ante esas peticiones, el Gobierno republicano no acababa de atreverse y los grandes poderes no hacían otra cosa que asustarse y amenazar al nuevo régimen. Ante la inacción del Ejecutivo, que no se atrevía a acatar las exigencias populares, y ante unas clases pudientes que se negaban a abandonar sus privilegios, comenzaron los levantamientos cantonales. Estos levantamientos fueron insurrecciones populares en ciudades con carácter marcadamente progresista, que veían con impaciencia que las reformas prometidas no llegaban. Así, en junio de 1873, se crearon los cantones de Sevilla, de Cádiz (con el republicano Fermín Salvochea a la cabeza), de Cartagena (que sería el más combativo hasta el final con héroes de la resistencia contra Fernando VII como Juan Contreras y Román y el «Emiliano Zapata de la huerta», Antonete Gálvez). El objetivo de la revuelta de los cantones era construir de abajo arriba un Estado popular y progresista.

Ha sido común en la historia de España (y lo sigue siendo) que, en momentos de gobiernos progresistas, los cambios prometidos se estancan en eternas discusiones o impedimentos ante los que las clases populares, con impaciencia, se rebelan. Ese fue el principio de todo. Mientras desde los cantones luchaban por empujar la República hacia el progresismo, otros desde el ejército y las instituciones luchaban por devolver el país al control de los grandes terratenientes y oligarcas. Pi i Margall, el segundo presidente de la República y teórico del federalismo, acabó dimitiendo de su cargo por no querer reprimir a su propio pueblo cuando este se levantó pidiendo más avances. Y lo mismo ocurrió con sus sucesores Nicolás Salmerón y Emilio Castelar hasta que, finalmente, el general Manuel Pavía sacó las tropas de los cuarteles, rodeó el Congreso y entró en él disolviéndolo y designando como dictador al general Francisco Serrano.

Muchas de las medidas que la Primera República preconizó no se lograron entonces. Sin embargo, marcaron una línea de acción, un programa de futuro que en las décadas venideras constituiría el horizonte hacia el que cualquier proyecto progresista debía avanzar. Aquellos escasos meses entre el 11 de febrero de 1873 y el 29 de diciembre de 1874 confirmaron que la república era una forma de gobierno más justa, más útil y más popular que cualquiera que hasta el momento se hubiese conocido. Desembarazada de tiranos, de reyes traidores y corruptos, por primera vez la soberanía había sido ejercida por el pueblo.

La Primera República, con todo lo que representó, no acabó, la acabaron. Finalmente, un golpe de Estado en Sagunto protagonizado por el general Arsenio Martínez Campos devolvió España a su cárcel borbónica y la monarquía se reinstauró en la figura de Alfonso XII, hijo de la exiliada Isabel II, que gobernaría diez años, dando comienzo al periodo conocido como la Restauración. Los Borbones volvían a la carga, pero esta vez intentando construir un sistema constitucional turnista, más moderado, con un bipartidismo que repartía el poder entre conservadores y progresistas moderados. A partir de entonces hubo cuarenta años de consolidación de este sistema. Tiempo suficiente para que todas las contradicciones se radicalizasen y los problemas se multiplicasen hasta estallar. Pero eso ya sería cosa del siglo XX.

4

Un paso adelante, dos hacia atrás

Movimiento obrero

Pero dime, compañero,
si estas tierras son del amo,
¿por qué nunca le hemos visto
trabajando en el arado?

Canción popular miliciana

Si el motor de la historia es la lucha de clases, los españoles acabaron de encajar los últimos engranajes de su nuevo motor a principios del siglo XX, cuando la clase obrera se convirtió en un actor central de la historia de España. Durante aquellos años se produjo una eclosión de todo lo que se había ido acumulando durante el siglo XIX. La estructura productiva de España había cambiado mucho; la agricultura seguía siendo muy importante, pero la industrialización se había introducido poco a poco en el país y había ido generando el sustrato revolucionario que iba a ser el protagonista de los más grandes cambios que iban a empujar la España del futuro.

Los orígenes del movimiento obrero español se pueden situar en Cataluña, donde en las décadas de 1830 y 1840 se desarrolló una floreciente industria textil que creció alimentándose del éxodo rural y de las masas campesinas sin trabajo expulsadas de sus pueblos. La primera huelga general de la historia de España tuvo lugar en 1855 durante el Bienio Progresista, pero todavía habría que esperar hasta 1869 para que se creasen los primeros grupos organizados de la Primera Internacional, uno en Madrid y otro en Barcelona. A partir de entonces empezaron a desarrollarse en nuestro país multitud de grupos socialistas y anarquistas. No tardaría en aparecer el Partido Socialista Obrero Español (PSOE), fundado en 1879, la primera formación política obrera creada en España, así como los primeros sindicatos de clase como la Unión General de Trabajadores (UGT), vinculada al PSOE, en 1888, y la Confederación Nacional del Trabajo (CNT), de carácter libertario, en 1910, que acabó acumulando una de las militancias más impresionantes de todo el mundo al llegar a sumar más de 1,5 millones de afiliados en un país de apenas 23 millones de personas.

La explotación de los trabajadores era terrible, las condiciones eran pésimas y los salarios eran de miseria. El pueblo español se había levantado muchas veces contra las injusticias y los señoritos que las propiciaban, y muchas veces habían sido aplastados de nuevo. Sin embargo, el espíritu combativo de los españoles resistía a lo largo de las décadas. Los mismos que lucharon contra los franceses en 1808, que jalearon la Constitución de 1812, sufrieron la represión absolutista de 1823 y volvieron a echar a los Borbones en 1868 no iban a dejarse pisar tampoco por los nuevos amos, despojados de títulos nobles pero igual de tiranos que quienes los precedieron. Del yugo del absolutismo se pasó al yugo del capital, y el pueblo español, de la misma forma que plantó cara al primero, no dudó en hacer lo mismo con el segundo. La lucha seguía siendo la misma, por la libertad de los humildes, pero el enemigo había cambiado la corona y el título nobiliario por el traje y la propiedad de las fábricas.

El movimiento obrero español, al igual que el movimiento liberal antiabsolutista décadas antes, no dejó de coger fuerza, de engrandecer su capacidad de acción y de pelear por la mejora de las condiciones de vida de las masas trabajadoras de España. Las huelgas industriales se extendieron por el norte de la península, las huelgas campesinas se unían a ellas por el sur. España entera hervía en una sola lucha: todo el poder para los trabajadores. Mientras tanto, los empresarios, herederos de la cobardía absolutista, no tenían más patria que su dinero y no dudaban en mandar reprimir y asesinar a españoles que luchaban por un país mejor. Los sindicatos expresaban la voluntad mayoritaria de trabajo digno y bien pagado. Los patrones contestaban con pistoleros contratados para acabar con líderes obreros y reivindicaciones salariales. Durante los primeros años del siglo XX, se produjeron auténticas oleadas revolucionarias como la de 1917, que llegó a unir a UGT y CNT por una misma causa común, o como la que produjo la implantación de la jornada laboral de ocho horas en 1919.

La Canadiense logra las ocho horas

En la España de principios de siglo, trabajar de sol a sol no era solo una expresión. Era una realidad. Los españoles tenían jornadas laborales que iban de las doce hasta las dieciocho horas.[17] Literalmente vivían para trabajar y lo que trabajaban apenas les daba para vivir. La degradación a la que los patrones sometían al proletariado español de principios de siglo XX era brutal e inhumana. Por eso, igual que hoy, la lucha más patriótica posible era por la reducción del tiempo de trabajo. Y por eso uno de los mayores orgullos que tiene España es el de haber sido uno de los primeros países del mundo en lograr la jornada laboral de ocho horas. Aunque aquello no fue un camino de rosas y ni mucho menos se logró de manera sencilla. Esa conquista se luchó a sangre y fuego. No se pidió por favor, sino que se le arrebató de las manos a los grandes industriales que, como siempre que se enfrentaban a cual-

17. Sánchez Ramos habla de la jornada de doce horas en la siderurgia norteña en *La economía siderúrgica española* (p. 172). Reventós explica cómo los patronos confesaban al *Diario de Barcelona* la existencia de jornadas de doce y catorce horas en *Els moviments socials a Barcelona en el segle XIX* (pp. 113-119). Anselmo Lorenzo afirma que Bové, el delegado de los hilanderos, jornaleros y tejedores mecánicos de Barcelona, denunciaba que incluso a veces se llegaba a trabajar en jornadas que oscilaban entre las once y las catorce horas (*El proletariado militante*, p. 83).

quier tipo de progreso, respondían, igual que hacen hoy en día, alegando que sería terrible para la economía y que todo se iría al garete porque no podrían mantener sus fábricas. Y como de costumbre, era mentira.

Discurría el año 1919 en Barcelona y la CNT tenía un poder inmenso. Un gran sindicato, con un enorme número de afiliados y una extraordinaria capacidad de movilización. La CNT era el principal instrumento de la clase obrera en aquel momento. Los grandes empresarios temían profundamente la capacidad de organización del sindicato y, por primera vez en mucho tiempo, la sartén había cambiado de manos y se había dado la vuelta a la tortilla. Ya no era la vigorosa voluntad del poderoso frente a la inmensa debilidad del que no tiene más que sus manos para trabajar, sino que había empezado a ser la voluntad individual del poderoso frente a una organización de miles de trabajadores dispuestos a sumar entre ellos para, hombro a hombro, defender lo de todos. Que la unión hace la fuerza no es una frase motivacional de taza de Mr. Wonderful, es un hecho, y la clase obrera catalana de 1919 lo pudo demostrar con gran éxito. Esto es una historia de orgullo nacional, de orgullo trabajador.

Como todas las grandes historias, el proceso por el cual España acabó aprobando una jornada laboral de ocho horas empezó por casualidad. O por lo menos por unos motivos diferentes a lo finalmente conseguido. En Barcelona todos conocían La Canadiense. Era como se conocía a la Barcelona Traction, Light and Power Company, una empresa eléctrica propiedad del Canadian Bank of Commerce que dominaba la energía de Barcelona. Fraser Lawton era su gerente y un 2 de febrero de 1919 tomó una decisión que lo iba a desencadenar todo.

Lawton impuso una reducción de sueldo a ocho trabajadores de la empresa alegando motivos de organización, con la mala suerte de que estos trabajadores eran miembros de la CNT y, por supuesto, no estaban dispuestos a que su ya miserable salario fuese reducido todavía más. Se negaron y protestaron, pero en aquella época resistirse significaba despido, y los ocho fueron echados a la calle sin miramientos. La empresa creía que despidiendo a estos trabajadores díscolos que no se sometían al dictamen de la directiva se acabaría el problema. Lo que no sabían es que, con esa decisión, prendería la mecha de la mayor huelga que había conocido Barcelona, Cataluña y España, y que culminaría con una gran victoria obrera y la imposición de la jornada laboral de ocho horas a los patrones.

El proceso había comenzado. La mañana siguiente al despido de los ocho trabajadores, los ciento veinticinco compañeros de La Canadiense se declararon en huelga, rompieron sus herramientas y abandonaron su puesto de trabajo. Todos ellos también fueron despedidos de manera fulminante. Pero las cosas no iban a detenerse ahí. Por fortuna, el resto de los trabajadores de La Canadiense sabía que su mejor arma era la solidaridad y que su fuerza surgía de la unión. Por eso, el día 8 de febrero de 1919 la plantilla entera de La Canadiense, desde el escriba hasta el limpiador pasando por los ayudantes y los obreros, se declararon en huelga en apoyo a los despedidos. A los ricachones de la dirección les estalló el problema en la cara. Nunca se habrían imaginado que ese nivel de compenetración era posible. Rápidamente acudieron asustados al Gobierno de España. El por aquel entonces presidente, el conde de Romanones, intentó poner en marcha de nuevo la central eléctrica con militares para que la energía no dejase de suministrarse. El 4.º Regimiento de Zapadores tomó las instalaciones de La Canadiense e intentó hacer que la central funcionara de nuevo con un estrepitoso fracaso. La economía no se mueve sin trabajadores. ¿Las consecuencias? En ese momento, el 70 por ciento de la industria de Barcelona estaba sin posibilidad de funcionar, sin electricidad y en el más estricto paro. El Gobierno, asustado, empezó a ordenar el arresto de sindicalistas y miembros destacados de la CNT, y a intentar detener con la policía y el ejército la fuerza cada vez mayor que estaba acumulando la clase trabajadora de Barcelona.

Pero eso no iba a servir de nada. El día 17 de febrero todo el sector textil de Barcelona se unió al paro. Ya no era simplemente una cuestión de aquellos ocho despedidos por La Canadiense, ni siquiera de los otros 125 compañeros despedidos en un ejercicio de solidaridad. El conflicto había trascendido lo particular y se había hecho universal. En ese momento la clase trabajadora de toda Barcelona sufría condiciones infrahumanas, salarios de miseria, persecución política por sindicarse y asesinatos por parte de pistoleros de la patronal. La huelga ya no era por una cosa, la huelga era por todas las cosas. Más de 20.000 trabajadores de la industria textil dejaron sus fábricas y empezaron a pedir dos cosas básicas para cualquier trabajador: la jornada de ocho horas y el derecho a sindicarse, es decir, tener tiempo disponible para vivir y poder organizarse junto con sus compañeros frente a los atropellos de los patrones.

Sin el trabajo de los obreros, Barcelona entró en un absoluto desorden. Resulta que una ciudad podía prescindir de sus ricos, pero no de sus trabajadores. Los patrones bien vestidos y perfumados y con capital extranjero en sus bolsillos repetían lo importante que era su trabajo para la estabilidad de España mientras firmaban despidos y pagaban salarios de miseria. Pero de lo que de verdad el país no podía prescindir de ninguna manera era de sus trabajadores, de su mano de obra, de la gente que ponía en funcionamiento el gran engranaje manchándose las manos y trabajando de sol a sol por sueldos irrisorios. La huelga demostró que el mundo es de quien lo trabaja y que si los trabajadores decían basta, ese mundo se detenía.

En Madrid Francisco Largo Caballero, secretario general de la UGT, decidió apretar las tuercas. Esto ya no se trataba de una sola fábrica en Barcelona, sino de una lucha por la dignidad de los trabajadores en toda España. La UGT amenazó con levantar a sus trabajadores y provocar una huelga general en todo el país. La jornada laboral de ocho horas se tenía que aprobar o España entera iría a la huelga y los bolsillos de todos los ricachones se estremecerían. Y ante el temor de que una gran huelga mandase al garete sus trajes bien planchados, sus corbatas bien ajustadas y las caras plumas con las que durante tanto tiempo habían firmado tantos despidos y salarios de miseria —pero, sobre todo, ante el temor a que la movilización prendiese en todo el país—, La Canadiense tuvo que aceptar las demandas de los trabajadores y el Gobierno español se vio obligado a aprobar el decreto de la jornada laboral de ocho horas. Todos los despedidos fueron readmitidos en sus puestos, se promovió un aumento general y proporcional de los salarios, se aceptó la jornada de ocho horas e incluso se comprometió al pago de la mitad de los días que duró la huelga. Organizarse sirvió. Y lo mejor es que no solo sirvió para que en una fábrica concreta las condiciones fueran mejores. Sirvió para que un país entero viviese mejor. Porque las peleas democráticas nunca se producen de manera aislada. Lucharon en Barcelona, pero sirvió para España entera.

Nunca se había producido una huelga de tal dimensión y consecuencias. Los trabajadores consiguieron la totalidad de sus demandas y la burguesía, la patronal y el Gobierno se vieron obligados a claudicar ante el poderío de la clase trabajadora organizada. Habían sido derrotados por primera vez en mucho tiempo, y no lo podían soportar. La clase obrera había logrado una victoria, pero sus millonarios enemigos dedicarían hasta la última de sus monedas a acabar con el sueño de libertad que había empujado las movilizaciones que habían conseguido arrebatar la jornada de ocho horas a los poderosos. Así comenzaba el pistolerismo. Y así acabaron asesinando vilmente a uno de los promotores de la huelga, Salvador Seguí, conocido como *el Noi del Sucre*, e hiriendo gravemente a Ángel Pestaña, otro de los grandes del anarquismo de los años veinte. Como siempre, una España que empuja por debajo hacia la justicia y unos ricos que lo impiden con violencia desde arriba.

La jornada laboral de ocho horas se aceptó y ya nunca más nadie se atrevió a cuestionarla sobre el papel. Ni siquiera la dictadura de Miguel Primo de Rivera ni la de Francisco Franco. Sin embargo, fue (y sigue siendo) mil veces vulnerada. Porque las leyes, los derechos y los decretos de nada sirven si no existe una organización por detrás que los sostenga y los garantice. La CNT lo entendió muy bien.

Pelear en guerras de ricos

Las guerras las crean los ricos y las luchan los pobres. Así son hoy en día y así lo eran en 1909. Como buen Borbón, Alfonso XIII, el abuelo de Juan Carlos I, dedicaba gran parte de su tiempo a engrosar su fortuna personal y a hacer provechosos negocios a costa de los españoles. Nada sorprendente, ni entonces ni ahora. En aquella época Alfonso XIII tenía jugosas participaciones en la Compañía Española de Minas del Rif, que se dedicaba a explotar yacimientos de hierro situados en el norte de África con mano de obra prácticamente esclava y de modelo colonial. Un negocio redondo y de grandes beneficios que, cuando se vio amenazado por revueltas de los caudillos locales, hubo que correr a salvar. Por supuesto, la jugosa empresa del rey no fue a salvarla él mismo utilizando sus manos y poniendo en riesgo su propia vida, sino que empleó los recursos de España para salvar sus beneficios privados. Como siempre, el negocio por delante del país y el patrimonio por delante de la patria.

Para que Alfonso XIII pudiese enviar tropas a salvar sus negocios en el Rif se tuvo que hacer un reclutamiento intensivo entre la población española más joven. Evidentemente, a nadie le hacía gracia dejar su casa, su familia, su trabajo y su vida para ir a morir al norte de África luchando por un negocio privado del rey, por lo que se desencadenaron grandes protestas y huelgas que dieron lugar a la llamada Semana Trágica, donde fue habitual escuchar gritos de «¡Abajo la guerra!», «¡Que vayan los ricos!» o «¡Todos o ninguno!». Porque, claro, el reclutamiento afectaba tan solo a aquellos españoles que no podían permitirse pagar los 6.000 reales que te libraban de él y que, por supuesto, tan solo podían pagar los más adinerados, pues un obrero corriente de la época apenas ganaba 10 míseros reales al día.

Siempre que se trata de guerra, hay la intención de convertirla en una cuestión patriótica, de defensa de España y de orgullo nacional. Pero nunca ha sido así, ni entonces ni ahora. Ni para ir a defender las empresas de Alfonso XIII en el Rif en 1909 ni para ir a defender los intereses estadounidenses en Irak en 2003. La patria, en todo caso, se defiende quedándote en casa con tu familia, trabajando tu campo para que puedan comer o construyendo calles, escuelas, hospitales y haciendo un mejor país aquí. No yendo a destrozar uno a cientos de kilómetros ni pegando tiros a otros pobres que también han sido empujados por los ricos de su país. Las guerras siempre han sido peleas de millonarios con soldados pobres.

Sin embargo, el rey, extasiado por el poder de sus riquezas, volvió a cometer el mismo error una década después. En 1921 obligó a los españoles a invadir los territorios del caudillo rifeño Abd el-Krim, lo que acabó conduciendo al desastre de Annual, donde se perdieron las vidas de 8.000 españoles y el ejército fue humillado. El colmo de la desvergüenza del rey fue cuando, tras la grave derrota militar, hubo que pagar un rescate de cuatro millones de pesetas para repatriar a los soldados españoles apresados por el enemigo y Alfonso XIII exclamó: «¡Qué cara está la carne de gallina!». Había enviado a miles de españoles a morir en una guerra absurda por ambición personal y, aun así, era capaz de atreverse a faltarle el respeto a los soldados que habían ido a pelear por él y sus negocios. Era definitivo. Con este infame capítulo el reinado corrupto de Alfonso XIII había tocado fondo. España entera entendió que la monarquía había dejado de tener futuro y que había que establecer una línea divisoria. Marcar un antes y un después. Y así fue. Surgieron nuevos partidos y un ansia reformista y regeneracionista invadió el país. Había dos opciones: o la monarquía de Alfonso XIII permitía el avance de España, o la monarquía se acababa ahí. Sin embargo, el rey todavía guardaba otro as en la manga. Estaba demasiado asustado con las consecuencias de una investigación del desastre de Annual y temía que su posición privilegiada se acabase tras eso. Así que no dudó en huir hacia delante cavando, sin saberlo, la tumba de la monarquía borbónica. Dio apoyo al golpe de Estado de Miguel Primo de Rivera y compró unos años de prórroga para su reinado. Aunque no le serviría de nada. Los españoles ya se habían cansado de sus mentiras, de su corrupción y de su intransigencia: la república estaba servida.

Alfonso XIII y «su Mussolini»

Alfonso XIII era un rey destinado a fracasar. Como sus antecesores (y también sus sucesores), además de con una gran capacidad para fracasar en todos sus propósitos el monarca también contaba con una curiosa afición a las «películas sicalípticas», es decir, a la pornografía. Desde hacía tiempo el furor calenturiento de la bragueta de los Borbones venía siendo un aderezo habitual a cualquier asunto monárquico. En este caso un día el presidente de España, el conde de Romanones, llegó con una curiosa petición para los cineastas Ramón y Ricardo Baños: «El rey quiere hacer películas sicalípticas». Desde entonces la productora de los hermanos Baños, llamada Royal Film, grabó entre 1920 y 1926 casi una veintena de películas, algunas de ellas con argumentos escritos por el propio rey y en cuyos rodajes, según el periodista Joaquim Roglan, este «contemplaba en directo a través de un orificio en la pared del plató».[18] Ojalá aquello hubiese sido lo único

18. «Alfonso XIII, el rey que no vio venir la República porque estaba produciendo porno», disponible en <https://www.epe.es/es/cultura/20211121/alfonso-xiii-rey-vio-venir-12873890>.

reprochable a este rey zoquete y malcriado, pero el monarca tenía peores desplantes en su pesada mochila. Aún tenía que dar la cara por su corrupción y su terrible papel en la dolorosa guerra de Marruecos.

Alfonso XIII, en su desesperada huida hacia delante, no dudó en confiar su destino a un dictador. Tristemente, ni en eso logró ser original, ya que fue una burda copia de lo que había hecho Víctor Manuel III, rey de Italia, con Benito Mussolini dos años antes. El 13 de septiembre de 1923 Miguel Primo de Rivera, capitán general de Cataluña, se sublevó y dio un golpe de Estado para hacerse con el poder en España. Todo con el permiso del rey, por supuesto. La fecha escogida para el levantamiento no fue casualidad, puesto que pocos días después iba a votarse en las Cortes la creación de una comisión de investigación sobre las actividades corruptas de Alfonso XIII y los efectos desastrosos para España de la guerra en el Rif. De hecho, el golpe de Estado fue realmente una patada hacia delante para los problemas del rey. Como no podía librarse de ellos y era tan flagrantemente culpable de lo que se le acusaba, la única opción que le quedaba a Alfonso XIII, si no quería ser barrido por la historia y acabar huyendo de España con el rabo entre las piernas como tantos de sus antecesores, era dar un golpe de efecto que le permitiese librarse, al menos temporalmente, de la comisión de investigación y de su responsabilidad en la guerra del Rif.

Una de las primeras cosas que hizo el Gobierno legítimo ante el golpe de Estado de Primo de Rivera fue contactar con el rey y pedirle la destitución inmediata de los generales sublevados y la convocatoria de Cortes generales, a lo que Alfonso XIII, evidentemente, no accedió. Sin vergüenza alguna, la siguiente acción del monarca fue nombrar al sublevado Miguel Primo de Rivera presidente del Gobierno. El rey se había comprado algo de tiempo. Pero a la vez que lograba esquivar los problemas presentes, los empujaba hacia el futuro, donde ya se le empezaban a acumular demasiados.

El precio que tuvo que pagar España para que los negocios y las malas artes del rey no pudiesen ser juzgados y discutidos no fue pequeño. Primo de Rivera creó un directorio militar todopoderoso que suspendió la Constitución vigente, prohibió los partidos políticos y sindicatos como la CNT, disolvió los ayuntamientos y declaró el estado de guerra. No iba a salir nada barato. La salvación del rey a cambio de arrebatar todas las libertades a su pueblo. En los negocios con sus monarcas los españoles siempre salieron claramente perdiendo.

En principio, la dictadura de Primo de Rivera iba a ser, en sus propias palabras, «un régimen temporal de noventa días para regenerar el país y devolverlo a su cauce». Sin embargo, acabó durando seis años y cuatro meses, tiempo en el que ni en una sola ocasión se vio, ni por asomo, una sola crítica del rey a la dictadura que tan gran favor le había hecho librándole de sus responsabilidades.

Uno de los episodios más vergonzosos de Alfonso XIII durante este periodo se desarrolló en una visita oficial a la Italia fascista de los primeros años de la dictadura. En una conversación con el rey italiano Víctor Manuel III, que tampoco había tenido ningún reparo en apoyar a Benito Mussolini para ser dictador de Italia, Alfonso XIII le dijo orgulloso: «Ya tengo mi Mussolini», refiriéndose a Miguel Primo de Rivera. Por otro lado, esa polémica comparación tampoco disgustó en absoluto a Miguel Primo de Rivera (padre del futuro fundador de la Falange, José Antonio Primo de Rivera), puesto que él también admiraba a Mussolini y llegó a definirlo como «el apóstol de la campaña dirigida contra la corrupción y la anarquía». No obstante, merece la pena recordar que la monarquía italiana acabó cayendo unos años más tarde por su apoyo al fascismo. La monarquía española acabaría cayendo por lo mismo.

El escritor y filósofo Miguel de Unamuno, al que Primo de Rivera mandó al exilio por sus críticas al régimen, resumió la situación de manera muy certera: «Siento decirlo pero lo digo: el Rey se ha suicidado... Ha llegado la hora de estar con el Rey o contra el Rey». A partir de entonces solo quedaba una posibilidad, en palabras de Ortega y Gasset: «Delenda est Monarchia» (la monarquía debe ser destruida). Si la monarquía no facilitaba la necesaria regeneración de España, esa labor la tendría que desempeñar una república.

5

República y traición

1931, una oportunidad para España

Habían pasado más de sesenta años desde la última vez que los Borbones habían huido de España, y las cosas se volvían a poner difíciles para esa dinastía que gobernaba el país en los ratos libres que su apretada agenda de festines, orgías y robos les permitía. En esos sesenta largos años dio tiempo para muchas cosas. Los Borbones, más resistentes que una mancha de grasa, volvieron a España con su corrupción, su despotismo y su desprecio por el pueblo. Lo que se conoció como la Restauración no solo fue el retorno de una dinastía de ladrones mediocres convertidos en monarcas, sino que también fue la reanudación de todas aquellas cosas que, sesenta años antes, habían llevado al pueblo español a la calle y a los Borbones al exilio.

En 1931 la historia se volvía a repetir y España estaba preparada para librarse del yugo monárquico una vez más.

Alfonso XIII había jugado todas sus cartas y volado todos sus puentes. Ya formaba más parte del pasado que del futuro, y hasta él mismo lo sabía. Llevaba una década intentando eludir su responsabilidad por tanto robo y desfalco público, pero ya no iba a poder aguantar mucho más. Finalmente, el 12 de abril de 1931, en unas elecciones municipales que rápidamente se transformaron en un referéndum sobre la monarquía, Alfonso XIII sufrió una aplastante derrota. Los partidos monárquicos solamente lograron mayoría en los pueblos en los que los caciques locales todavía eran capaces de amañar el resultado de las urnas, pero en casi todas las ciudades españolas la monarquía sufrió una derrota sin paliativos. Ramón María del Valle-Inclán lo resumió con claridad: «Los españoles han echado al último Borbón no por rey, sino por ladrón». Todo estaba a punto de cambiar.

España llevaba desde Fernando VII viendo a los Borbones actuar como freno para el progreso del país y, tras un siglo y medio de idas y venidas, de ensayos y errores, por fin los españoles acababan no solo con esa dinastía, sino con cualquier forma de dominación monárquica. Llegaba la República, y lo más sorprendente es que todo el proceso se produjo sin ningún tipo de derramamiento de sangre. La revolución de 1931 fue un levantamiento del pueblo español contra la tiranía borbónica en el que el consenso fue tan elevado y la solución estaba tan clara que no tuvo que producirse ni un solo incidente violento. Se permitió que Alfonso XIII huyera de España sin ponerle inconvenientes, y de inmediato se proclamó la Segunda República Española. El nuevo régimen nacía sin violencia y con violencia la harían terminar sus enemigos.

Lo habitual es ver en la propaganda conservadora (de entonces y de ahora) un intento de presentar la República como un régimen izquierdista, cruento, sádico y revolucionario. Nada más lejos de la realidad. De hecho, la Segunda República fue posible porque, tras mucho diálogo, personalidades de la derecha junto con personalidades de la izquierda y centristas e intelectuales llegaron a un consenso básico: el régimen monárquico que había gobernado hasta el momento había impedido la necesaria modernización del país y solo la República podía traer la calma y el progreso que España necesitaba. Así quedó plasmado en el Pacto de San Sebastián de 1930, que unió a personas ideológicamente muy diferentes (Lerroux, Azaña, Alcalá Zamora, Maura, Casares Quiroga, Prieto, Ortega y Gasset y Gregorio Marañón, entre otros) con un objetivo común: sacar a España de las tinieblas. El objetivo no era, ni mucho menos, una supuesta conflagración izquierdista peligrosísima, sino el empuje decidido de los españoles por empezar a incorporarse al siglo XX librándose del mal gobierno y la corrupción de los Borbones.

Cuando el rey huyó, Niceto Alcalá Zamora, un terrateniente cordobés y exministro del monarca, fue nombrado primer ministro de la República; Miguel Maura, político conservador e hijo del expresidente monárquico Antonio Maura, ministro de la Gobernación; y Lluís Nicolau d'Olwer, un político catalán liberal muy crítico con la izquierda, ministro de Economía. La gran mayoría de los integrantes del nuevo Gobierno eran católicos practicantes y no había ni rastro de los supuestos radicales izquierdistas que trajeron la República. Las ambiciones del Gobierno republicano eran tan moderadas que incluso podrían haber sido consideradas de derechas en otro país.

La responsabilidad con el orden, a pesar de toda la alegría y furor popular que despertó la venida de la República, fue tan alta que se impidieron asaltos a edificios relacionados con la monarquía como el Palacio Real, se mantuvo la existencia de la Guardia Civil e incluso el Gobierno aceptó que la República asumiera todas las obligaciones financieras y deudas heredadas de la dictadura de Primo de Rivera. No fue un cambio extremista ni radical, sino un cambio sensato, esperado y compartido por todos los españoles. A pesar de todo, las clases adineradas y sus representantes políticos, que no querían aceptar ni unas modestas medidas modernizadoras del Estado, tan solo tuvieron una obsesión: hacer fracasar el experimento republicano. Su única labor a partir de entonces fue la de obstaculizar el cambio en España. La República nacía con muchos enemigos y muchos problemas por delante. No obstante, el primer paso se había logrado: la monarquía que tantas veces había traicionado a España durante los últimos ciento treinta años había sido expulsada del poder de una vez por todas. El rey fue declarado culpable de alta traición a la patria y, por primera vez en mucho tiempo, las decisiones serían tomadas por representantes elegidos por el pueblo, sin que mediase la sangre real de por medio. La República iba a introducir a España en el siglo XX. O por lo menos lo iba a intentar.

Los logros de la República

El gran problema de la República, además de sus poderosos enemigos, fueron las grandes expectativas y esperanzas que despertó en el pueblo español. Cuando Alfonso XIII tuvo que abandonar España y se proclamó la República, la emoción inundó las calles de todo el país. Los españoles ocupaban las plazas, cantaban canciones populares y mantenían grandes ilusiones en algo que todavía era bastante incierto. La República se convirtió en el ideal de una vida mejor que los españoles llevaban mucho tiempo buscando. Pero, como siempre, grandes expectativas equivalen a grandes decepciones, y la República no iba a ser una excepción histórica a esta habitual regla.

El nuevo régimen republicano tenía una ingente cantidad de tareas urgentes por delante, y todas ellas se podían resumir en una sola: hacer de España un país moderno. Para ello se desplegó un plan de acción global que abordaría desde la propiedad de la tierra hasta la modernización del ejército, pasando por la influencia de la Iglesia católica en la sociedad, el problema de la educación y el asunto territorial. Todo al mismo tiempo y con la presión añadida de tener en contra a grandes terratenientes, militares reaccionarios y conservadores radicales. El reto que la República tenía por delante era inmenso.

Durante las primeras semanas de Gobierno republicano, se publicaron una serie de decretos urgentes dirigidos a remediar la aterradora situación que vivía la clase trabajadora española. Se prohibieron los desahucios, se bloqueó el aumento de los alquileres para que los propietarios no pudiesen especular, se prohibió que los empresarios pudiesen traer trabajadores de otras zonas para romper huelgas, se volvió a reimplantar la jornada laboral de ocho horas y se comenzó a elaborar una ley de reforma agraria para repartir la concentrada propiedad del campo español entre pequeños agricultores y jornaleros que trabajaban las tierras.

El problema agrario español no fue nada sencillo. A principios de la década de 1930 el 50 por ciento de los españoles se dedicaban a trabajar la tierra. Una tierra muy mal repartida entre los que la trabajaban y muy bien concentrada entre los pocos terratenientes que la poseían. Esto era motivo de grandes desigualdades, penurias y condiciones de vida atroces en las zonas rurales. La intención del Gobierno republicano consistió en acabar con los grandes latifundios que eran propiedad de una granítica oligarquía rural de origen feudal que ni siquiera los gobiernos liberales del siglo XIX habían conseguido hacer desaparecer y que todavía mantenía en condiciones de semiesclavitud a sus jornaleros y trabajadores. La oposición de los terratenientes fue feroz y las medidas adoptadas fueron duramente combatidas por estos oligarcas, que hicieron oídos sordos a la legislación aprobada por la República y siguieron manteniendo su régimen de terror en las zonas rurales. Mientras tanto, los trabajadores y jornaleros se sintieron abandonados por el Gobierno y se produjeron múltiples revueltas violentas que intentaban hacer cumplir por la fuerza todas las promesas que les había hecho la República. Los terratenientes desobedecían y los jornaleros pasaban a la acción. Al mismo tiempo, los militares miraban desde la distancia esperando su momento.

El ejército se había convertido en un nido de conspiradores resentidos obsesionados con guiar el destino político del país en lugar de ejercer el papel que le corresponde a un ejército moderno: el de proteger a su población. Es por ello por lo que Manuel Azaña, ministro de la Guerra por aquel entonces, decidió que era una tarea urgente modernizarlo y convertirlo en un cuerpo profesional y neutral en política. Para ello jubiló a los mandos que no quisieron jurar adhesión a la República sin imponerles ningún tipo de represalias y ofreciéndoles, además, un generoso sueldo en su retiro. Sin embargo, el tiempo demostró que Azaña fue demasiado conservador y prudente en sus propósitos cuando años después muchos de esos mandos militares, que habían tenido tiempo de sobra para conspirar mientras cobraban su pensión de jubilación pública, se sublevaron en 1936. La Iglesia, mientras tanto, asistía con temor al fin de su reino espiritual sobre la vida de todos los españoles.

La República pretendió una secularización de la vida social de España. Eso implicaba la necesaria separación entre la Iglesia y el Estado. Y por supuesto, también entre la Iglesia y la educación, y la promoción de una enseñanza liberal y laica que no pasase por la Biblia y formase a los niños españoles en ideas científicas y modernas. En apenas tres años se construyeron 10.000 escuelas, más de las que se habían construido en los casi 30 años de reinado de Alfonso XIII. Uno de los principales objetivos educativos de la República fue potenciar la alfabetización en las zonas rurales de España, mandando misiones pedagógicas y abriendo bibliotecas públicas y centros culturales en zonas donde nunca habían visto nada parecido. Por primera vez millones de trabajadores iban a tener acceso a la cultura española que durante tanto tiempo se les había negado, sin que la Iglesia se inmiscuyese en sus asuntos. Mientras ocurría todo esto el problema territorial español volvía a imponer su agenda.

Desde que los Borbones accedieron al poder en el siglo XVIII, los ataques contra las particularidades de cada uno de los territorios, nacionalidades y culturas que componían España habían sido constantes. Por ello, la República, que entendía que la grandeza de España y su perdurabilidad en el tiempo dependían de un entendimiento entre las diferentes comunidades que la integraban, promovió una adelantada organización en autonomías que precedería a las que la Constitución de 1978 acabaría desarrollando. Esto fue motivo de gran enfado para aquellos que comprendían España como un Estado unitario y cerrado en el que no cabía la posibilidad de un entendimiento fraternal entre territorios e insistían continuamente en una supuesta amenaza independentista.

Respecto a las cuestiones de género, todavía había mucho trabajo que hacer. Antes de 1931 las mujeres eran consideradas como simples apéndices de los hombres. No tenían permitido firmar contratos, administrar negocios, decidir sobre propiedades, votar en las elecciones, presentarse a ellas y ni siquiera podían casarse si querían conservar su empleo. La República se encargó de cambiar eso. La Constitución republicana de 1931 ofreció a las mujeres los mismos derechos jurídicos que a los hombres, permitiéndoles administrar sus propiedades, divorciarse, votar y presentarse a las elecciones. Es habitual oír un bulo reproducido entre voces conservadoras que defiende que la izquierda se opuso al voto de las mujeres; sin embargo, hay que recordar que el voto femenino se aprobó gracias a 161 votos, de los cuales 83 fueron progresistas. De hecho, de las diez mujeres diputadas que hubo durante la República, ocho de ellas fueron de partidos de izquierda o centroizquierda y tan solo dos de partidos de la derecha.

Por mucho que se haya intentado vender un relato distinto de manera insistente, ninguna de las medidas que la República impulsó durante sus primeros años de existencia fueron en absoluto radicales ni ambiciosas. No se hablaba de grandes nacionalizaciones, ni de abolición de la propiedad privada, ni siquiera de comunismo, como en otras partes de Europa en aquel momento. Simplemente eran medidas modestas que, frente el desgobierno oligárquico que hasta entonces habían propiciado los Borbones, parecían medidas radicales, pero que, sin embargo, habrían sido firmadas por cualquier político conservador del resto de los países europeos. El problema radicaba en que, como siempre, quien tiene el poder odia perderlo, aunque sea en un mínimo grado. Y por eso la República y sus tímidas reformas no fracasaron, las hicieron fracasar los enemigos del progreso.

Los enemigos del progreso

Al mismo tiempo que la llegada de la Segunda República despertó grandes esperanzas entre los españoles más humildes, también significó una gran amenaza para los miembros más privilegiados de la sociedad. Una coalición de banqueros, industriales y terratenientes se conjuró contra la República desde su primer día de existencia. Los medios de comunicación de las clases adineradas no tardaron en comenzar a presentar al nuevo régimen como responsable de los problemas económicos de la época (recordemos que acababa de ocurrir el crac del 29 y había una depresión económica mundial) y de la violencia que se veía en las calles (que muchas veces financiaban ellos mismos a través de pistoleros de la patronal). De forma simultánea, la clase trabajadora esperaba con ansias unas reformas que no acababan de llegar y eso no hacía más que aumentar su impaciencia y su desencanto con la República. No contentos con eso, la mayor parte de los terratenientes habían declarado la guerra al Gobierno republicano negándose incluso a sembrar los campos si era bajo las condiciones de mejoras laborales que les requerían. Las clases altas actuaban como si los decretos republicanos nunca se hubieran aprobado y como si la Constitución de 1931 no existiese. La situación era de rebeldía de los ricos y de desencanto de los pobres.

En ese contexto el general José Sanjurjo, junto a otros elementos derechistas del ejército, intentaron un golpe de Estado el 10 de agosto de 1932 en Sevilla. El golpe fue demasiado precipitado y terminó en fracaso. Una huelga general de la clase trabajadora sevillana apoyada por la CNT, la UGT y los comunistas impidió que la sublevación triunfase y todos sus instigadores fueron rápidamente detenidos y procesados. El fracaso de la intentona golpista convenció a muchos políticos y militares republicanos de que se había derrotado a los conspiradores y que la República ya no corría el riesgo de ser barrida por un levantamiento del ejército. Mientras tanto, los conspiradores militares y los terratenientes implicados dedicaron su tiempo a analizar bien por qué el golpe había fracasado y llegaron a la conclusión de que la primera tarea para lograr una insurrección exitosa debía ser acabar con las organizaciones obreras, que eran las únicas que les podían plantar cara como había ocurrido en Sevilla.

Por aquella época comenzó a fraguarse en la República un gran frente político derechista para plantar cara al nuevo régimen progresista. La CEDA (Confederación Española de Derechas Autónomas) fue el resultado de la fusión de más de cuarenta grupos de derechas y fue obra del controvertido y radical enemigo de la República José María Gil-Robles. Este no tenía reparo en expresar su animadversión por la democracia y su simpatía por el fascismo. De hecho, insistía en que «no veía nada malo en pensar en el fascismo para curar los males de España».[19] Mientras tanto, el resto de los actores de la derecha española tampoco tenían un discurso mucho más esperanzador. Así, toda la prensa católica aplaudía con admiración

19. Paul Preston, *La Guerra Civil española: reacción, revolución y venganza*, 2013, p. 74.

la persecución de los movimientos socialistas y comunistas en Alemania por parte de Hitler y el nazismo gozaba de gran respeto entre los que veían en él una garantía de orden frente a los peligros de la revolución proletaria. Gil-Robles, cada vez más inspirado en sus colegas alemanes, comenzó a ser recibido en sus grandes mítines al grito de «¡Jefe! ¡Jefe! ¡Jefe! ¡Jefe!», imitando los mítines de Hitler («Führer! Führer! Führer! Führer!»), y no dudaba en decir que «La democracia no es para nosotros un fin, sino un medio para ir a la conquista de un Estado nuevo. Llegado el momento, el Parlamento o se somete o le hacemos desaparecer».[20] La situación era verdaderamente tensa.

Una dolorosa combinación entre insatisfacción popular por parte de un proletariado español, que no acababa de ver las reformas que la República prometía, y una oligarquía terrateniente, que las impedía con todos los medios imposibles, desembocó en el naufragio del primer intento por modernizar España que hubo entre 1931 y 1933. El golpe definitivo al primer Gobierno republicano se dio en Casa Viejas (Cádiz), cuando un levantamiento campesino que pedía tierras y trabajo acabó en una terrible represión en la que fueron asesinados veinticuatro jornaleros. A consecuencia de este suceso el Gobierno tuvo que dimitir y se convocaron elecciones para noviembre de 1933. Tras estos eventos y un gran descontento entre las clases populares, se produjo una alta abstención entre los trabajadores, que se afiliaron en

20. Ibídem, p. 75.

masa a la CNT (que pedía la abstención y la no colaboración con la política), y la derecha ganó las elecciones de manera aplastante. Así comenzaba el «bienio negro». Los resultados entregaron el poder a unos políticos cuyo único programa era eliminar toda la legislación progresista aprobada entre 1931 y 1933 por el primer Gobierno liberal-socialista. Todas las medidas modernizadoras que se habían aprobado a duras penas durante los últimos dos años, y contra las que los poderosos se habían conjurado, fueron eliminadas una a una por el nuevo Ejecutivo conservador. Solo había un plan: acabar con la República y sus avances. Los patronos y los terratenientes no escatimaron en alegrías al conocer la derrota de la coalición republicano-socialista y celebraron la victoria de las derechas recortando salarios, despidiendo a trabajadores y subiendo los alquileres. Ahora se sentían impunes y tenían mucho trabajo por hacer, o más bien por deshacer.

Alejandro Lerroux fue nombrado presidente del Gobierno y una vez alcanzada esa posición su primera acción fue, sin miramiento alguno, la de crear una oficina para organizar la venta de privilegios estatales, monopolios, concesiones de contratos públicos y licencias. Es decir, puso España a la venta. Alejandro Lerroux al mismo tiempo permitió que la CEDA, que eran grandes admiradores de lo que estaba ocurriendo en Alemania e Italia, entrase en el Gobierno de la República. Evidentemente saltaron todas las alarmas en el movimiento obrero español por miedo a que ocurriese en España con la CEDA lo mismo que estaba ocurriendo en Alemania con Hitler y pronto comenzasen a ejercer la represión de socialistas, sindicalistas y organizaciones obreras.

Lerroux, cada vez más debilitado por su dependencia de los votos de la extrema derecha, no dejaba de ceder más y más poder a la CEDA. La izquierda estaba muy nerviosa y consideraba ese acercamiento como el primer paso hacia la imposición del fascismo en España. Esto provocó que desde personalidades de la izquierda moderada, como Manuel Azaña, hasta conservadores, como Miguel Maura, denunciaran la debilidad de Lerroux y rompieran relaciones con el Gobierno derechista. En ese ambiente lo único que pedían era que se convocaran elecciones para que el pueblo español eligiese un nuevo Gobierno siendo conscientes de la amenaza que la CEDA y sus declaraciones pronazis implicaban. Para presionar, la UGT dio al Ejecutivo un plazo de veinticuatro horas tras el que llevarían a cabo una huelga general pacífica. El Gobierno derechista se les adelantó y declaró el estado de guerra, movilizó al ejército para asegurar el funcionamiento de los servicios básicos y prohibió cualquier tipo de huelga o concentración de carácter político. Es decir, las prohibieron todas. El único sitio donde la huelga pudo triunfar, a pesar de los duros esfuerzos del Gobierno y del ejército para evitarlo, fue en Asturias. La alianza entre CNT, UGT y los comunistas dio suficiente fuerza al movimiento obrero asturiano para que sus acciones triunfasen y se hiciesen con el control del territorio. El Ejecutivo estaba decidido a reprimir esa huelga fuese como fuese, y para ello llamaron a Francisco Franco, que a partir de entonces cada vez cobraría más protagonismo. Franco conocía muy bien Asturias, su geografía y sus comunicaciones porque ya había participado en la represión de la huelga general de 1917, en la que aplastó a los obreros asturianos a sangre y fuego. Tenía una gran experiencia en perseguir trabajadores. A la derecha española le fascinaba que Franco hubiese combatido a los mineros asturianos como si fuesen las tribus africanas contra las que luchaban en Marruecos. En palabras de Paul Preston, para Franco esta era una guerra colonial y el proletariado español era el pueblo colonizado.[21] El ejército regular dirigido implacablemente por Franco cometió auténticas atrocidades reprimiendo a la clase obrera asturiana. Asesinó a mujeres y niños y el ejército llevó a cabo ejecuciones sumarias entre los sindicalistas una vez capturados. Se utilizaron métodos de guerra contra el mismo pueblo que habían jurado defender. La represión fue total y absoluta hasta que lograron sofocar todos los reductos de trabajadores rebeldes.

La revolución de Asturias y su represión demostró dos cosas: que la izquierda tan solo podría acceder al poder ganando unas elecciones democráticamente, y que la mejor arma de la derecha para impedir el progreso en España era el ejército y la contención violenta del movimiento obrero. Tras la derrota de los obreros asturianos se abrió un gran periodo de clara reacción. Habían ganado e iban a demostrarlo. Los terratenientes bajaron los salarios en un 50 por ciento, llenaron las cárceles de obreros y de presos políticos, se depuró al ejército de oficiales

21. Paul Preston, *El holocausto español: odio y exterminio en la Guerra Civil y después*, 2011, p. 17.

leales a la República y se nombraron como cargos de responsabilidad a cientos de enemigos declarados del régimen (sin ir más lejos, Franco fue nombrado jefe del Estado Mayor) y se prepararon todas las instituciones necesarias para el papel que desempeñarían poco tiempo más tarde en la Guerra Civil. La derecha seguía esperando la oportunidad para dar un golpe militar, pero la gran resistencia obrera que se encontraron en 1934 todavía les hizo ser prudentes y esperar un poco más.

Despierta el fascismo

> Los fascistas no son como los hongos, que nacen así en una noche, no. Han sido los patronos los que han plantado los fascistas, los han querido, les han pagado. Y con los fascistas, los patronos han ganado cada vez más, hasta no saber dónde meter el dinero. Y así inventaron la guerra, y nos mandaron a África, a Rusia, a Grecia, a Albania, a España... Pero siempre pagamos nosotros. ¿Quién paga? El proletariado, los campesinos, los obreros, los pobres.
>
> OLMO en *Novecento* (1976)

No hay nada menos español que el fascismo. Algunos fantasean con él como si fuese una ideología mítica que salvó a España del bolchevismo. Pero lo único que el fascismo salvó fueron los bolsillos bien cargados de una clase parásita que no soportaba perder sus privilegios. El fascismo en España no fue más que una imposición extranjera propiciada por los soldados de Hitler y Mussolini y aplaudida por los reaccionarios de siempre. En España el fascismo tan solo fue otra forma de llamar a lo que desde hacía demasiados años el pueblo español había tenido que aguantar cada vez que intentaba modernizar el país y se encontraban delante con la negativa de sus gobernantes.

Es cierto que, desde una lectura más académica, se podría discutir la naturaleza del fascismo y hacerla pasar incluso por una ideología revolucionaria. Una especie de tercera posición entre el liberalismo y el marxismo, nacionalista y posicionada contra los grandes capitales y la clase adinerada. Y se podrían perder horas hablando de Ramiro Ledesma, de Onésimo Redondo y de José Antonio Primo de Rivera, y discutiendo sobre cómo el fascismo pretendía algo diferente a lo que finalmente acabó siendo. Pero la realidad es más cruda que todas esas discusiones de índole académico. Mientras algunos discutían sobre la posibilidad revolucionaria del fascismo, sus escuadras organizadas salían a las calles a combatir al movimiento obrero a sangre y fuego. Organizaban grupos de jóvenes fanáticos y adictos a la pólvora cuyo único propósito era el de llevarse por delante la mayor cantidad de vidas de obreros y sindicalistas posible. Sus motivaciones podrían ser muchas, pero sus armas las compraban los patrones, sus balas las pagaban los patrones y sus objetivos los señalaban los patrones. Desde un primer momento el fascismo en España se configuró como la punta de lanza del terrorismo patronal de España.

De hecho, la Falange se fundó en 1933 con financiación de conocidas personalidades monárquicas, y José Antonio Primo de Rivera, hijo del dictador Miguel Primo de Rivera, no generaba ningún tipo de miedo a las clases dominantes. Por su condición de terrateniente y aristócrata —y por ser hijo del dictador— fue una garantía para los poderosos de que el fascismo español no escaparía a su control como había sucedido con sus equivalentes alemanes e italianos. En palabras de Paul Preston, «desde 1933 hasta 1936 la Falange funcionó como carne de cañón de la alta burguesía, provocando desórdenes callejeros y contribuyendo a generar una anarquía que, exagerada por la prensa derechista, se utilizó para justificar el alzamiento militar».[22]

El fascismo español simplemente fue una ideología que permitía a los hijos de papá sentirse revolucionarios y convertir en atractiva la defensa del viejo orden de toda la vida. Siempre fueron irrelevantes, partidos ridículos que tan solo cobraron importancia cuando Franco los puso bajo su cuidado porque le interesaba acercarse a Hitler y Mussolini y que sus armas y soldados no dejasen de llegar para poder continuar su guerra contra la República. El fascismo no fue un hecho español, el fascismo fue una losa que se le impuso a España por el interés de una minoría traidora.

22. Paul Preston, *La Guerra Civil española: reacción, revolución y venganza*, 2013.

Un programa de mínimos

> Porque a España, hoy como ayer, la defiende el pueblo, es el pueblo mismo, algo muy difícil de enajenar. Porque por encima y por debajo y a través de la truhanería inagotable de la política internacional burguesa, vigila la conciencia universal de los trabajadores.
>
> ANTONIO MACHADO

Todavía era pronto para que los golpistas asestaran el golpe final a la República. Todavía les quedaban algunos cabos que atar. Mientras tanto, Alejandro Lerroux estaba en su peor etapa. Enfangado en vergonzosos casos de corrupción y durísimas peleas internas, su Gobierno acabó desmoronándose en septiembre de 1935. A Lerroux le sucedieron tres gobiernos de centroderecha muy débiles e inestables hasta que, definitivamente, se convocaron elecciones para febrero de 1936. Los últimos comicios libres que se celebrarían en España hasta 1977. Pero eso aún no se sabía.

La CEDA, con Gil-Robles a la cabeza, continuó la senda de su radicalización antidemócrata y apostó por la adopción de una estética y una gramática muy cercana a la del fascismo europeo. Era habitual ver a sus juventudes marchando a la alemana por las calles, disolviendo huelgas obreras a tiros o reventando mítines de partidos contrarios con violencia. Al mismo tiempo, la izquierda había aprendido la lección del fracaso electoral de 1933 y esta vez no iban a permitir que volviese a ocurrir lo mismo. Tenían mucho que perder. Manuel Azaña, republicano moderado que pronto se convertiría en presidente de la República, trabajó con empeño en restañar las heridas de la izquierda y construir una gran alianza patriótica de izquierdas para recuperar el Gobierno de España. Junto al socialista Indalecio Prieto y con el apoyo tácito de los anarquistas, que esta vez comprendieron la importancia de lo electoral, Azaña logró armar una heterogénea coalición progresista cuyo único programa era la amnistía para los miles de presos políticos que el Gobierno derechista había metido en la cárcel durante el bienio negro, algunas reformas sociales y educativas básicas y libertad para que los sindicatos hiciesen su trabajo frente a la patronal. Había nacido el Frente Popular. La coalición electoral tenía un programa tan moderado que, en palabras de Indalecio Prieto, «habría sido considerado de derechas en otros países».[23] No se pedía la imposición del comunismo, sino la libertad de los trabajadores injustamente encarcelados, la vuelta del derecho a huelga y algunas tímidas reformas sociales que habían sido revertidas por el anterior Gobierno conservador. Aun así, la respuesta de la derecha fue furibunda.

El 16 de febrero se iba a decidir todo. Los españoles acudieron a las urnas en un contexto de fuerte polarización. La elección finalmente acabó planteándose de manera dicotómica: o votabas a un frente patriótico que defendía la amnistía de los trabajadores encarcelados y la vuelta a las

23. Pablo Suero, *España levanta el puño*, 2014.

reformas sociales, o a un frente reaccionario que abogaba por el retorno a un régimen duro de defensa de la gran propiedad y que cada vez sentía más admiración por el fascismo europeo. Tras una intensa jornada de votación, las urnas dieron la victoria al Frente Popular y se anunció la derrota de la CEDA. A pesar de la ingente cantidad de dinero que gastaron en campaña y de que cada voto de la derecha costó cinco veces más pesetas que uno de la izquierda,[24] la victoria del Frente Popular fue absoluta en términos de diputados (aunque en votos quedaron más ajustados). Esta vez el sistema electoral había beneficiado a una izquierda muy movilizada que sabía lo que se jugaba (a diferencia de en 1933) y perjudicó a una derecha más desunida y que pensaba más en la insurrección armada que en ganar en las urnas.

Nada más conocerse la victoria del Frente Popular, la oligarquía entendió que la vía democrática no les iba a servir para impedir la vuelta de la izquierda al poder. Aun así, Gil-Robles se puso en contacto con generales que él mismo había puesto al frente de sus responsabilidades durante su etapa como ministro para proponerles un golpe de fuerza e incluso intentó forzar, sin éxito, al presidente del Gobierno en funciones, Manuel Portela, para que declarase el estado de guerra y así evitase la toma de posesión de los nuevos diputados electos. Era pronto para la insurrección, pero la estaban deseando. La derecha había entendido que sin violencia no podrían recuperar el poder. La guerra estaba cada vez más cerca.

24. Paul Preston, *La Guerra Civil española: reacción, revolución y venganza*, 2013, p. 94.

6

Traición, guerra y patria

> ¿Por qué esos militares rebeldes volvieron contra el pueblo las mismas armas que el pueblo había puesto en sus manos para defensa de la nación? ¿Por qué no contentos con eso, abrieron las fronteras y los puertos de España a los anhelos imperialistas de las potencias extranjeras?
>
> Antonio Machado

Los oficiales derechistas llevaban años conspirando contra el nuevo régimen. Su intención era clara: acabar con la República de una vez por todas. ¿El método? Cualquiera que fuese necesario. Uno de los principales errores de la República fue dejar libres a militares cuyas intenciones golpistas no solo eran manifiestas y declaradas, sino que además ya se habían puesto en práctica en 1932 con el levantamiento del general Sanjurjo en Sevilla. Cuatro años después, tras haber generado redes más sólidas, haber acumulado más financiación y tras haber perdido las últimas elecciones, lo iban a volver a intentar, y ahora no se podían permitir fallar. Sanjurjo, exiliado en Portugal tras su primera intentona golpista, fue el encargado de organizar el complot junto al diputado Calvo Sotelo. Tuvieron contactos con todas las guarniciones militares posibles, con todos los partidos de la derecha e incluso en consulados y embajadas extranjeras (alemanas e italianas) para asegurar un apoyo suficiente para garantizar el éxito del golpe contra la República. La preparación debía ser minuciosa para que el golpe fuese un éxito.

Todo comenzó a precipitarse el 12 de julio de 1936. Militantes de la extrema derecha, ya en clara mentalidad bélica, salieron a buscar a José Castillo, teniente de la Guardia de Asalto (cuerpo policial de la República) y militante socialista. A las diez de la noche de ese día, cuatro pistoleros lo encontraron y, sin mediar palabra, lo asesinaron a tiros en la calle sin que a Castillo le diese tiempo a defenderse. La noticia de su asesinato no tardó en propagarse y sus compañeros de la Guardia de Asalto montaron en cólera y salieron rápidamente a detener a militantes falangistas que pudieran estar implicados en el asesinato de su compañero. Pero la rabia los empujó más allá y acabaron frente a la casa de Calvo Sotelo, implicado en las conversaciones con los militares golpistas, con la intención de vengar el asesinato de su amigo. Lo sacaron de su casa a la fuerza y también lo mataron de un disparo. El asesinato de Calvo Sotelo fue un gran escándalo, pero al mismo tiempo también benefició claramente a los conspiradores militares proporcionándoles la justificación perfecta para defender que España necesitaba, urgentemente, una intervención militar para salvarla de la anarquía. La cuenta atrás se había puesto en marcha, el golpe era inevitable.

18 y 19 de julio

> Y si hay generalitos reaccionarios que, en un momento determinado, pueden levantarse contra el Estado, hay también soldados del pueblo que saben meterlos en cintura.
>
> DOLORES IBÁRRURI, LA PASIONARIA

> Llamaos a vuestra conciencia española. No nos traicionéis traicionándoos. No traicionéis a España ni en su pasado ni en su porvenir. No ayudéis con vuestra complicidad a los enemigos de la patria. A los que quisieron convertirla en colonia extranjera.
>
> ANTONIO MACHADO

Pocos meses antes del golpe, una delegación de conspiradores viajó a Roma en busca de armas y apoyo financiero para la sublevación. Tras una entrevista con Benito Mussolini y el gobernador italiano de Libia, Italo Balbo, recibieron un millón y medio de pesetas y la promesa de 20.000 rifles, 20.000 granadas de mano y 200 ametralladoras. Pero sobre todo recibieron lo más importante: su bendición para acabar con la República. El camino estaba allanado para la traición.

El 18 de julio comenzó el golpe. Todos los juramentos de lealtad a la Constitución republicana que habían realizado los militares traidores se desvanecieron y, como siempre que el pueblo vota algo que no gusta a los poderosos, se impuso la voluntad del fusil. Primero se sublevaron las guarniciones de Melilla, Tetuán y Ceuta, donde se encontraba el grueso de las tropas golpistas. En el resto del país el levantamiento solo triunfó en algunos territorios de mayoría conservadora, pero no lograron hacerse con el control efectivo de España tan rápidamente como esperaban. En esencia, el golpe militar había funcionado, puesto que había logrado sumar a gran parte de los cuadros superiores del ejército. Sin embargo, la insurrección fracasó porque los rebeldes no contaron con una resistencia seria a su acción coordinada. En sus cálculos, como venía siendo habitual en todos los reaccionarios que luchaban contra el progreso de España, no habían contado con el pueblo español.

El 19 de julio fue el día del pueblo. Guarniciones enteras de militares sublevados fueron desarmadas por la población, los sindicatos tomaron las calles, los campesinos sus pueblos y la clase obrera salió a defender a la República. Como explica Pierre Vilar, «igual que el parlamento de 1932 no había podido gobernar sin las masas, el pronunciamiento no pudo imponerse contra ellas».[25] El 19 de julio en numerosas partes de España ya se había desvanecido la disciplina militar. Obreros y guardias confraternizaban, los policías desajustaban sus cinturones y daban sus armas a los obreros, y el ambiente era de victoria popular, incluso de revolución. Ante el horror de los altos mandos militares sublevados, soldados y policías se convertían en seres humanos y se posicionaban junto al pueblo. De los 31.000 oficiales que el ejército español tenía en 1935 se sublevaron en torno a 14.000 y unos 8.500 permanecieron del lado de la legalidad republicana. Pronto se repartirían también los fusiles entre los trabajadores (aunque al Gobierno republicano no le hiciese mucha gracia) y así comenzaba la defensa popular de España frente a los golpistas. De un lado estaban los españoles y del otro, cuatro generalitos reaccionarios con muchas ínfulas pero poca fuerza.

Sin ayuda extranjera los golpistas estaban perdidos. Sin un seguimiento generalizado del golpe en la península y solo con una victoria efectiva en las colonias africanas de Marruecos mientras el pueblo español estaba en las calles defendiendo la República, lo iban a tener crudo. Por fortuna para los sublevados, no estaban solos. Franco logró trasladar a la península la parte más importante del ejército rebelde gracias a los barcos y aviones alemanes e italianos que pusieron a su disposición las dictaduras europeas. Mientras Inglaterra y Francia habían firmado el vergonzoso Pacto de No Intervención con el que dejaban

25. Pierre Vilar, *Historia de España*, 2005, p. 146.

de lado a la República, alemanes e italianos comenzaban su intervención en España del lado de los traidores. Reconocieron a Franco como jefe de Estado en noviembre de 1936 y, en ese mismo mes, Alemania envió la Legión Cóndor, cientos de aviones y pilotos alemanes para bombardear ciudades y pueblos españoles, además de miles de asesores y militares expertos. Italia no se conformó con eso, sino que además mandó a 70.000 soldados para asesinar españoles que defendiesen la legalidad republicana. Los sublevados de ninguna manera podían llamarse bando nacional sin faltar gravemente a la verdad, puesto que su poderío fue, desde el día uno, deudor de la ayuda que le prestaban potencias extranjeras. Al mismo tiempo que presumían de defender España, permitían la matanza de españoles a manos de alemanes, italianos e incluso mercenarios marroquíes. El bando nacional lo constituía, en todo caso, el bando republicano, que estaba compuesto de españoles humildes y sencillos que sufrían a los soldados italianos, los aviones alemanes, los saqueos de los mercenarios marroquíes y el ninguneo de las potencias occidentales democráticas. Finalmente, y obligada por las circunstancias, la República tuvo que acudir a pedir ayuda a los únicos países que no le dieron la espalda: México y la URSS. Tras haber sido ignorada por todos mientras sufría una invasión fascista, la República (en la que gobernaba un liberal como Azaña, que no tenía ninguna simpatía por el comunismo ni por Stalin) no tuvo más remedio que pedir ayuda a la URSS y, debido a eso, se produjo una innecesaria penetración de agentes soviéticos en España. Mientras la URSS fue un aliado no buscado, Franco no dudaba en hacerse fotos y vídeos junto a Hitler en Hendaya (Francia) y presumir de su amistad.

Emilio Mola, uno de los directores del golpe, definió desde el principio cuál sería la estrategia militar que seguirían los golpistas: «La acción ha de ser en extremo violenta, para reducir los más posible al enemigo, que es fuerte y bien organizado. Desde luego, serán encarcelados todos los directivos de los partidos políticos, sociedades o sindicatos no afectos al Movimiento, aplicándose castigos ejemplares a dichos individuos, para estrangular los movimientos de rebeldía o huelgas».[26] El problema no es que les sobrase la República, el problema es que les sobraba España y los españoles.

Les sobraba España

> Ninguna política se puede fundar en la decisión de exterminar al adversario, no sólo (y ya es mucho) porque moralmente es una abominación, sino porque es materialmente irrealizable: y la sangre injustamente vertida por el odio, con el propósito de exterminio, renace y retoña y fructifica en frutos de maldición; maldición no sobre los que la derramaron, desgraciadamente, sino sobre el propio país que la ha absorbido para colmo de la desventura.
>
> MANUEL AZAÑA

26. Julio Aróstegui, *La Guerra Civil, 1936-1939*, 1996, p. 40.

«Más vale vivir en España con un millón de personas como es debido que con diez millones de revolucionarios».[27] Esa fue la justificación de un cura absolutista llamado Ignacio Martínez de Villena, en 1825, de la brutal represión que Fernando VII desató contra los liberales, que tan solo querían vivir en un régimen constitucional. Desde aquel momento esa idea no dejó de repetirse en nuestro país. Un «mejor solos que mal acompañados» en el que la manera de estar solo era asesinar a todo el que no pensase como tú. Un patriotismo que se expresaba odiando, matando y haciendo más pequeña a España para que cupiese en sus estrechas ideas.

Años más tarde, nada había cambiado. El odio fernandino hacia los liberales se transformó en el odio franquista hacia los «rojos» y su receta seguía siendo la misma: el exterminio. La gran paradoja de los golpistas es que decían amar España y luchar por ella al mismo tiempo que querían exterminar a más de la mitad de los españoles. Los reaccionarios siempre han tenido una forma perversa de amar. Amar selectivamente, purgando lo que no les gustaba y quedándose solo con lo que ellos querían. Amar odiando y matando. Realmente lo que se esconde detrás de esa gran incoherencia no es otra cosa que el odio elitista hacia lo que realmente es España: su pueblo y su gente humilde.

Los golpistas tenían que justificar que luchaban por la patria (aunque realmente luchasen contra ella) y para eso tenían que agrupar a todos sus enemigos bajo una misma

27. Santiago Alba Rico, *España*, 2021, p. 123.

etiqueta: la anti-España. Un buen ejemplo de esto nos lo dio Luciano de la Calzada, diputado de la CEDA por Valladolid, que en el periódico *El Debate* enumeraba uno por uno todos aquellos que no tenían derecho a ser llamados españoles: «Judíos, herejes, protestantes, comuneros, moriscos, enciclopedistas, afrancesados, masones, krausistas, liberales y marxistas».[28] Negaba la españolidad de aquellos que le incomodaban. Tan solo se podía ser español a su manera. Y aquel que no lo fuese, debía ser exterminado. Así nos lo hacía entender Gil-Robles, líder de la CEDA, en 1933, en el mismo periódico cuando decía: «Hay que fundar un nuevo Estado, una nación nueva, dejar la patria depurada de masones judaizantes [...] ¡Qué importa si nos cuesta hasta derramar sangre!».[29] Su objetivo era depurar España. Como si estuviera contaminada. Porque para ellos España era algo sucio que había que limpiar de personas que no entraban en su estrecho modelo de lo que debía ser su país.

El odio no se detenía ahí. El mayor traidor que conoció nuestra historia también formaba parte de esa confabulación antiespañola. Francisco Franco nunca tuvo intención de ganar rápidamente la guerra, de hecho, defendía que «Nuestra cruzada es necesariamente lenta, de redención y pacificación, sin la cual la ocupación militar sería totalmente inútil. La redención moral de las zonas ocupadas será larga y difícil porque en España las raíces del anar-

28. Ibídem, p. 124.

29. Paul Preston, *La destrucción de la democracia en España: reforma, reacción y revolución en la Segunda República*, 2018.

quismo son antiguas y profundas... Ocuparé España ciudad a ciudad, pueblo a pueblo, ferrocarril a ferrocarril [...] Nada me hará abandonar este programa gradual. Me dará menos gloria, pero mayor paz en el interior».[30] El proyecto de Franco era la desaparición física de la mitad de España. Para ello no solo fomentó una guerra larga y sin intención de acortarla para así poder matar al máximo número de enemigos posibles, sino que, además, una vez terminada esta, siguió fusilando, encarcelando y persiguiendo a los que consideraba malos españoles. ¿Su objetivo? Eliminar a todos los que no fuesen como ellos. Querían construir una España sin españoles. Esa siempre fue la idea de unos autodenominados patriotas a los que no les importaba que su patria fuese un cementerio mientras ellos fuesen los dueños del cementerio.

Hermanos, extranjeros y responsabilidades

> La tierra, vuestra, España, vuestra y no de italianos y alemanes.
>
> MIGUEL HERNÁNDEZ

Cuando se habla sobre la Guerra Civil, quienes más tienen que perder (o justificar) siempre sacan a relucir la santísima trinidad de la exculpación franquista, a saber: 1. Los dos bandos fueron igual de malos; 2. La guerra la

30. Enrique Moradiellos, *La España de Franco (1939-1975)*, 2000.

empezó la izquierda en 1934, y 3. La República tuvo apoyo extranjero de la URSS. Con esos tres (falsos) mitos intentan borrar de un plumazo cualquier tipo de responsabilidad franquista y presentan el conflicto como si hubiese sido algo inevitable, con igualdad de responsabilidades y casi como una consecuencia directa de la propia existencia de la República.

El objetivo está claro: eliminar la responsabilidad de los golpistas en el origen de la Guerra Civil y trasladarla hacia el lado de la República presentándola como la culpable de todos los males para así justificar su «alzamiento». Para ello recurren a repetir mentiras que no solo es que hayan sido desmentidas en innumerable cantidad de ocasiones por reputados historiadores y expertos en la Guerra Civil como Paul Preston, Julián Casanova, Santos Juliá, Pierre Vilar, Manuel Tuñón de Lara, Hugh Tomas o Josep Fontana, entre muchos otros, sino que simplemente son falsedades que la propaganda franquista estuvo emitiendo durante cuarenta años de dictadura y que ahora reciclan intentando presentarlas como argumentos históricos serios. Estos tres mitos forman parte de una pelea cultural por la cual pretenden justificar las raíces golpistas de su ideología política, que nunca se han atrevido a condenar.

Los dos bandos fueron igual de malos

Decir que la Guerra Civil fue una guerra entre hermanos obedece a un intento de eludir la responsabilidad del bando sublevado para reducirlo todo simplemente a un desencuentro entre hermanos que se equivocaron guiados por sus bajas pasiones. Es como cuando un mal profesor de colegio regaña de la misma forma al abusón que hace *bullying* y al niño que decide defenderse y no se queda de brazos cruzados ante la agresión. A eso le dirían «cosas de chiquillos» y a la guerra la llaman «guerra entre hermanos».

El argumento repite: ni unos fueron tan buenos ni los otros tan malos, todos fueron culpables. De esa manera se despolitiza la guerra, se olvidan los motivos de fondo y se igualan los bandos. Todos eran hermanos y todos cometieron barbaridades. Se ha convertido en algo demasiado habitual decir que ambos bandos fueron igual de malos y crueles. Y sin negar (porque ningún historiador serio lo hace) los errores y los horrores que se cometieron en territorio republicano (sobre todo por elementos incontrolados que se hicieron con el poder cuando las instituciones republicanas desaparecieron tras el golpe de Estado y dejaron de poder garantizar la seguridad), sería absurdo compararlos con los realizados por los sublevados. Sería algo tan inútil como comparar al bando aliado de la Segunda Guerra Mundial con los nazis de Hitler. Tan absurdo como equipararlos y decir que ambos «eran igual de malos» simplemente porque los dos cometieron horrores. Por supuesto que los nazis eran peores que los aliados. Y en ningún sitio a nadie se le ocurriría igualar a ambos bandos. Cosa que, por desgracia, sí ocurre en España. Es una equidistancia absurda y de cartón piedra que no se sostendría dignamente en ningún otro país. Es una falta de respeto que se pueda llegar a igualar un bando que dio un golpe de Estado contra un régimen constitucional gracias al apoyo de Hitler y Mussolini, y otro que tuvo que protegerse de esa agresión y defender el Gobierno que había salido de las urnas mientras el resto de los países occidentales miraba hacia otro lado. No hay equidistancia posible. Un bando fue traidor y asesino, el otro traicionado, asesinado y encarcelado durante cuarenta años de larga dictadura en la que no se dejó de matar hasta el último día de vida del dictador.

La guerra la empezó la izquierda en 1934

La historiografía franquista también acostumbraba a decir que las huelgas obreras que se produjeron en 1934 (casi todas concentradas en Asturias y Cataluña), debido a la inclusión de ministros de la CEDA en el Gobierno de la República, habrían sido el origen de la Guerra Civil. Una vez más, de esta manera burda y chusca intentan desplazar la responsabilidad del inicio del conflicto hacia la izquierda, exculpando así de toda responsabilidad a los militares que, obligados por las circunstancias, no tuvieron más remedio que sublevarse el 18 de julio de 1936 con apoyo de Hitler y Mussolini.

De hecho, aquellas huelgas de 1934, pacíficamente declaradas en primer lugar y cruelmente reprimidas por Franco después (cuando tan solo era un general del ejército), no fueron un buen momento para las izquierdas. Más bien fueron una pesadilla. Ya que a partir de entonces la izquierda vio sus sindicatos ilegalizados, sus líderes obreros encarcelados y sus huelgas reprimidas a sangre y fuego por el ejército como si fuesen un enemigo extranjero. No hubo nada positivo para la izquierda en aquellos meses de 1934, en los que solo perdió y fue reprimida y encarcelada.

Es un argumento tan absurdo e infantil que podría ser utilizado de la misma manera diciendo que la Guerra Civil la empezaron los conservadores cuando permitieron que toda la riqueza se acumulase en pocas manos y la miseria campase a sus anchas por España, o cuando reprimieron con violencia cualquier protesta obrera por mejorar mínimamente las condiciones de vida, o cuando jamás aceptaron la autoridad republicana y desde el mismo 1931 iban proclamando que «Hoy frente a la Constitución se coloca la España católica... vosotros seréis los responsables de la guerra espiritual que se va a desencadenar en España»,[31] como dijo Gil-Robles. Es más, antes de 1934 el ejército ya había intentado un golpe de Estado, en 1932, con el general Sanjurjo al frente, y nadie utiliza aquella barbaridad para intentar decir que en ese año empezó la Guerra Civil.

A la República también la ayudó la URSS

Otra de las acusaciones que se suele lanzar contra el bando republicano durante la Guerra Civil es que contó con el apoyo de la URSS de Stalin. Y, sin embargo, no hay nada

31. Paul Preston, *El holocausto español: odio y exterminio en la Guerra Civil y después*, 2011, p. 47.

más mentiroso que recurrir a eso sin ver el trasfondo de esa alianza momentánea. Ante un golpe de Estado y un ejército apoyado y subvencionado por la Alemania de Hitler y la Italia de Mussolini, el Gobierno legítimo de la República, y en nombre del régimen constitucional inaugurado en el 1931, pidió ayuda a todas las potencias occidentales sin excepción. Y todas ellas, sin excepción también, decidieron dar la espalda al grito de auxilio que profería la España democrática. Ni siquiera Francia ni el Reino Unido movieron ni un solo dedo para ayudar a la República. De hecho, firmaron un pacto de no intervención por el cual no permitieron vender ni una sola bala al bando republicano por miedo a enfadar a Alemania y ponerla en su contra. Evidentemente cometieron un gran error, puesto que, tras haber acabado con España, alemanes e italianos se volverían contra esos países que no habían querido ayudarnos en 1936. Mientras Hitler y Mussolini administraban tanques, aviones y munición a las tropas franquistas y Estados Unidos les vendía gasolina a precio de coste, el resto de las potencias occidentales decidieron no intervenir y mirar desde la distancia. En este contexto, tan solo la URSS (y México en menor medida) ofrecieron ayuda a la República y accedieron a venderle los materiales que necesitaban para protegerse de los golpistas.

Es curioso que algunos se quejen de que la República tuviese que conformarse con el apoyo de Stalin para plantar cara a Hitler y Mussolini en España, pero en cambio les parezca perfecto que las potencias occidentales tuvieran que conformarse con el apoyo de Stalin para plantar cara a Hitler y Mussolini y ganar la Segunda Guerra Mundial. De hecho, tanto Churchill como Roosevelt tienen múltiples fotos con Stalin, pero ningún presidente de la República las tiene. En un contexto de amenaza del fascismo las alianzas entre liberales, conservadores y comunistas fueron completamente comprensibles y permitieron ganarle la batalla al nazismo en Europa. Pues lo mismo que valió para luchar contra el fascismo en la Europa de 1939 a 1945 debería valer para luchar contra el fascismo en la España de 1936 a 1939. El bando sublevado estaba apoyado por Hitler y Mussolini y no hay nada que justifique eso.

Ni fue una guerra entre hermanos, ni la responsabilidad fue compartida ni la República se vendió a los comunistas, sino que fue una guerra entre un régimen constitucional legal y unos sublevados; la responsabilidad fue de quien comenzó el golpe de Estado, y el apoyo de Alemania e Italia fue determinante para garantizar la victoria de los golpistas. Y todo ello desembocó en una larga etapa de miseria y dictadura.

7

MISERIA Y DICTADURA

¿Quién ganó la guerra?

> Para los estrategas, para los políticos, para los historiadores, todo estará claro: hemos perdido la guerra. Pero humanamente, no estoy seguro... Quizá la hemos ganado.
>
> ANTONIO MACHADO

«En el día de hoy, cautivo y desarmado el Ejército Rojo, han alcanzado las tropas nacionales sus últimos objetivos militares. La guerra ha terminado». Eso es lo que se oyó en las radios españolas el 1 de abril de 1939. Y lo único cierto que decía era que la guerra había llegado a su fin, pero desde luego no habían ganado los nacionales ni tampoco habían desarmado al «ejército rojo». No habían ganado los nacionales porque el bando sublevado tenía poco de nacional, puesto que se alzó gracias a los recursos alemanes e italianos para hacer caer al Gobierno legítimo de la nación que habían votado sus ciudadanos. Es decir, recursos extranjeros para desbaratar lo que habían votado los españoles. Y tampoco habían desarmado a ningún supuesto «ejército rojo», sino a todos los españoles que habían creído en una España moderna que los golpistas se encargaron de eliminar por medio de las armas.

La guerra terminó y España fue vendida al mejor postor por hombres a los que solo podemos llamar traidores, jamás nacionales. Encontraron una España en proceso de modernización y llena de vida y dejaron una España invadida por la codicia y vaciada de españoles. Ganaron la guerra, sí, pero para conseguirlo le hicieron pagar un precio muy alto a España: casi medio millón de muertos, más de medio millón de exiliados, la destrucción total de la economía del país, un aislamiento internacional y única amistad con las dictaduras que ese mismo 1939 iban a desencadenar la Segunda Guerra Mundial. Pusieron a España en el lado perdedor de la historia. Y también en el más cruel.

Ellos ganaron la guerra, pero perdió España. Y cada vez que los vencedores gritaban el nombre de España, el país entero se estremecía de miedo ante lo que aquellos monstruos le habían hecho a la patria que tanto decían amar. Ganaron la guerra porque tenían más armas, más balas, más tanques, más aviones, más obuses y más dinero. Pero les faltaban las ideas, les faltaba la humanidad y les faltaba la razón. Les movía lo mismo que les ha movido siempre, el odio. Y con odio no se gana un país, solo se le secuestra a punta de pistola.

El holocausto español

El terrateniente salmantino Gonzalo de Aguilera, al recibir la noticia de que el ejército se había sublevado en Marruecos, no perdió el tiempo. Mandó llamar a todos los jornaleros de sus campos y les ordenó ponerse en fila. Paseándose delante de ellos fue seleccionándolos uno a uno hasta llegar a seis. Luego, los mandó fusilar delante de todos sus compañeros. Lo hizo «para que los demás escarmentaran».[32] Para los patrones como Gonzalo de Aguilera los trabajadores españoles eran considerados como una especie infrahumana. Eran simplemente esclavos a los que despreciaban y a los que trataban peor que a animales. Rebosaban rabia tras seis años de régimen republicano, de huelgas en sus provechosos negocios y de empoderamiento de los trabajadores. Querían recuperar lo suyo y no se iban a conformar simplemente con recuperar el poder. Era hora de la revancha.

La guerra civil española fue más que un simple conflicto con un inicio y un final y con unos vencedores y unos vencidos. La guerra civil española fue un plan de exterminio. Un holocausto español, en palabras del historiador Paul Preston. Porque en una guerra basta con que unos ganen y otros pierdan, que luego haya un proceso de reparación, una amnistía, una vuelta paulatina a la normalidad y tras eso una posterior reconciliación. Pero nada de eso existió en España. Solamente hubo gue-

32. Paul Preston, *El holocausto español: odio y exterminio en la Guerra Civil y después*, 2011, p. 29.

rra, represión y muerte. La represión ni siquiera terminó con la guerra, sino que continuó con la dictadura con un millón de prisioneros en campos de trabajo y decenas de miles de ejecuciones que serían una inversión en terror de cuyos beneficios el franquismo viviría durante años.

La lógica que emplearon los generales traidores que se levantaron contra la República en 1936 la habían aprendido en sus incursiones militares en África y el saqueo de esos territorios en nombre de Alfonso XIII. Ahí aprendieron a ser sanguinarios, a despedazar al enemigo y a deshumanizarlo hasta el extremo de pensar que sus vidas valen menos que las de los animales. Los cabecillas de la traición, Franco, Mola y Queipo de Llano, tenían del pueblo español la misma consideración que habían tenido de las tribus rifeñas que combatieron en África: la de una raza inferior a la que había que subyugar utilizando una violencia extrema si era necesario.

Las ideas de los golpistas deslegitimaban a todos los que no fuesen como ellos, negándoles incluso la españolidad. Desde liberales de clase media hasta anarquistas y comunistas, pasando por socialistas y nacionalistas. No había diferencias para ellos, únicamente había anti-España, y contra la anti-España tan solo había una solución: el exterminio total. Para ello pusieron a toda marcha su maquinaria represiva. Detenía la Guardia Civil, detenía la Falange, detenían los requetés, y todos ejecutaban. Se asesinaba no solo a gobernadores civiles, a diputados progresistas y a alcaldes izquierdistas, sino también a sus empleados, a quienes habían trabajado alguna vez para ellos, y en muchos casos, también a sus familiares.[33] Querían asegurar que los privilegios del antiguo régimen no se volviesen a poner en cuestión nunca más.

En palabras del general Emilio Mola, su intención era «eliminar sin escrúpulos ni vacilación a todos los que no piensan como nosotros».[34] Y para eso no bastaba tan solo con ganar una guerra, había que subyugar a base de miedo a todo un país. No era, por lo tanto, que esos generales pretendiesen salvar a España como decía su propaganda, sino que querían eliminar a España entera y sustituirla por otra que se pareciese más a ellos. Y si para lograr su objetivo tenían que acabar físicamente con la mitad de los españoles, no había inconveniente en ello. En ese sentido es bastante clarificadora la entrevista que el periodista británico Jay Allen hizo a Franco en 1936. Allen le preguntó: «¿Cuánto tiempo seguirá la matanza?», a lo que el golpista respondió: «No habrá compromiso ni tregua, seguiré preparando mi avance hacia Madrid. Avanzaré, tomaré la capital. Salvaré España del marxismo, cueste lo que cueste». Allen insistió: «¿Eso significa que tendrá que matar a la mitad de España?». El general Franco sonrió y contestó: «Repito, cueste lo que cueste».[35]

33. Manuel Tuñón de Lara, *La España del siglo XX*, 1973, p. 455.

34. Juan de Iturralde, *La guerra de Franco, los vascos y la Iglesia*, 1978, p. 433. Véanse también: Hugh Thomas, *The Spanish Civil War*, 1977, p. 260, y Paul Preston, *El holocausto español: odio y exterminio en la Guerra Civil y después*, 2011, p. 18.

35. «Textos para la Historia: Entrevista de Jay Allen con el General Franco», disponible en <https://elcorreodeespana.com/politica/180612683/textos-para-la-historia-entrevista-de-jay-allen-con-el-general-franco.html>.

Lejos de lo que se podría pensar, no fue en el frente sino en la retaguardia donde se libró la principal tarea de exterminio. Aquellos sitios que los golpistas habían conquistado, incluso aquellos en los que no se derramó ni una sola gota de sangre en combates, se convirtieron en mataderos de españoles. La mayoría de estos asesinatos fueron realizados contra población civil en lugares donde ni siquiera llegó la guerra. Españoles que fueron detenidos y secuestrados de forma ilegal, en muchos casos torturados, y al final ejecutados sin juicio ni posibilidad de defensa. Más de 150.000 personas fueron asesinadas lejos del frente simplemente por haber simpatizado con la República. Alcaldes, concejales, maestros, universitarios, poetas, escritores, policías y militares fieles a la República. Y los familiares de todos estos. Fueron 150.000 vidas españolas que fueron arrebatadas por aquellos cuya única forma de demostrar su patriotismo era matando a otros españoles.

El holocausto español tuvo numerosos escenarios a lo largo y ancho del país. Y también demasiados verdugos que después la dictadura ensalzó como héroes cuando su única hazaña había sido la de asesinar a civiles españoles. El ensañamiento con el pueblo español fue terrible. Los bombardeos de ciudades para causar terror y bajas entre la población civil como los de Gernika o Alcañiz (por parte de aviación italiana y alemana) fueron constantes. También fueron habituales los fusilamientos indiscriminados y especialmente crueles en la retaguardia, como los de la masacre de la plaza de toros de Badajoz, donde el general Yagüe sustituyó toros por civiles y fusiló a 4.000 extremeños de una sentada. Ni siquiera había tregua para los civiles que huían de la guerra, como los malagueños que fueron asesinados en el episodio conocido como «la Desbandá» mientras intentaban escapar hacia Almería en 1937 y el ejército golpista los masacró con buques de guerra y aviación militar matando a 5.000 civiles. Por supuesto, también se ensañaron con figuras de la cultura popular como Federico García Lorca, al que pegaron un tiro «por rojo y maricón», o a Miguel Hernández, al que mataron de hambre y frío en una sucia celda franquista. La crueldad era absoluta y la doctrina del franquismo era una: exterminar al adversario.

Al mismo tiempo que el holocausto español quedó grabado en la memoria de cientos de miles de familias españolas, se borraba de cualquier registro oficial para que no quedase constancia. Mientras la dictadura hacía recopilaciones exhaustivas de cualquier indicio de represión que se hubiese cometido durante la República (gran parte de ellas burdamente manipuladas), la resistencia democrática no tuvo posibilidad de hacerlo nunca. Todos los registros de juicios farsa fueron eliminados por la dictadura y no se permitió a ningún historiador estudiar la represión con la amenaza de cárcel para quien lo intentara. Las familias españolas vivieron en silencio su dolor y nadie se atrevía a hablar por miedo. Así, las cifras fueron perdiéndose y los asesinados pudriéndose en las cunetas sin que nadie pudiese preguntar por ellos.

No hay patriotismo en mirar hacia otro lado. El pueblo español sufrió un holocausto cruel y sistemático, negarlo no nos hace un mejor país. Olvidarlo tampoco. Los españoles sufrieron a unos tiranos asesinos durante años no para que ahora hagamos la vista gorda y concedamos a sus herederos la posibilidad de seguir diciendo que lo hicieron todo por España y por amor a la patria. Por amor a la patria se debía acabar con el régimen de explotación que se vivía en España, con el dominio de la oligarquía y con el secuestro del país por parte de militares traidores. No asesinando a su pueblo. No hay patriotismo posible que justifique el holocausto de su propio pueblo.

Un dictador mediocre y sanguinario

La propaganda de la dictadura convirtió a un ser abyecto, de pequeña estatura y voz aflautada en un héroe cruzado a la altura del Cid Campeador. Pero no era más que Franco, un traidor a su patria autoproclamado caudillo del país que acababa de destrozar. Si fue bueno en algo, fue en sembrar terror entre los españoles. Como militar fue más bien malo, pero como carnicero fue un profesional. Realmente Franco jamás se enfrentó a un ejército regular convencional. Cuando combatió en África, a pesar de contar espectaculares historias de heroísmo y victorias, tan solo combatió a tribus bereberes mal armadas. En la Asturias de 1934 simplemente reprimió a los mineros a cañonazos. Balas contra picos. Y en la Guerra Civil fueron tropas moras, italianas y alemanas las que le hicieron el trabajo al estratega, que simplemente alargó la guerra innecesariamente para hacerse con el control total y matar a todavía más enemigos políticos. Sus soldados se dedicaban a fusilar civiles desarmados de día y sus matones falangistas lo hacían de noche, incluso hasta mucho después de acabar la guerra.

Franco nunca fue demasiado locuaz. Incluso testimonios de amigos cercanos, como su cuñado Ramón Serrano Suñer, su primo Francisco Franco Salgado-Araujo, su ministro Pedro Sainz Rodríguez o sus médicos Vicente Gil y Vicente Pozuelo, lo retrataban como una persona poco culta y sofisticada, mediocre y llena de rencores y supersticiones que le hacían vivir obsesionado con una ingenua fe en «virguerías mágicas». Tan ridículo fue este prohombre de la derecha golpista española que, cuando un alquimista estafador llamado Sarvapoldi Hammaralt se le presentó en Salamanca para decirle que podía fabricar todo el oro que necesitase para su causa, el generalísimo no dudó en poner los laboratorios químicos de la Universidad de Salamanca a su disposición. Evidentemente Franco fue engañado y el estafador se aprovechó de él y su ingenuidad.

Los engaños no pararon ahí. Los geólogos del régimen querían complacer a Franco de cualquier manera y por eso convencieron al triste caudillo de que España poseía enormes yacimientos de oro. Franco, una vez más, lo creyó y acudió personalmente a dirigir operaciones de extracción de oro en Extremadura, e incluso durante el discurso de fin de año de 1939 proclamó: «Tengo la satisfacción de anunciaros que España posee en sus yacimientos oro en cantidades enormes». El preciado metal, evidentemente, nunca se encontró. No contentos con los ficticios yacimientos de oro, decidió dejarse engañar una vez más, esta vez a cargo de un austriaco llamado Albert

Elder von Filek, que le prometió ser capaz de generar un petróleo sintético que se podía fabricar mezclando agua con extractos de plantas y algunos otros ingredientes secretos a partir de los que se destilaba un producto superior al de la gasolina. En consecuencia, Franco, obnubilado por los cuentos de hadas que tanto le gustaba creer, declaró que España pronto sería autosuficiente en energía e incluso un país rico exportador de petróleo. Este engaño todavía fue más allá, porque el propio chófer de Franco colaboró diciéndole que el coche con el que le transportaba funcionaba con ese combustible mágico que creaba el austriaco. En consecuencia, el dictador aprobó grandes obras, construyó enormes tanques subterráneos y cedió las aguas del Jarama para la fabricación del mágico brebaje. Hasta que la verdad salió a la luz y Franco se dio cuenta de que había vuelto a ser engañado.

La historia de Franco es la historia de un dictador sanguinario, fácil de engañar y que, por ello, fue usado como marioneta por las oligarquías españolas para conservar el poder. La corrupción fue la forma de gobierno de esta época. Por eso, la forma más sencilla de prosperar en el país era acudir a las cacerías y eventos lúdicos que tanto disfrutaba Franco y conseguir así, sin concursos públicos ni chorradas democráticas, jugosos contratos millonarios. La corrupción fue tal que, al mismo tiempo que era fomentada por los gobernantes, golpeaba duramente al pueblo español. Nada más acabar la guerra, por ejemplo, una inmensa cantidad de oficiales del ejército se vio involucrado en el mercado negro de alimentos que existió durante los años cuarenta. El caso más grave fue el del trigo argentino que mandó Juan Domingo Perón por intermediación de Evita en 1949 para evitar las hambrunas que se vivían en España. Ese trigo no llegó ni siquiera a tocar suelo español y mucho menos ningún estómago español, ya que fue vendido al extranjero por la camarilla franquista mucho antes de que llegase a la península. Una vez más, la patria estuvo por debajo del patrimonio para esos autodenominados patriotas.

Ni siquiera evitar la Segunda Guerra Mundial estuvo entre sus planes, puesto que están ampliamente documentadas todas las ofertas que Franco le hizo a Hitler para participar a su lado en la contienda. El dictador estaba tan convencido de la victoria de Hitler en el conflicto que, cuando los nazis estaban perdiendo posiciones frente a los aliados, incluso llegó a decir al duque de Alba que «¡Armas como el rayo cósmico serían decisivas para invertir el signo de la guerra!»[36] y que, por lo tanto, los fascistas ganarían la guerra. Evidentemente Franco se equivocaba, y Hitler y Mussolini perdieron. Fue entonces cuando Franco se reconvirtió, de la noche a la mañana, en el salvador que había impedido hábilmente por medio de sus grandes dotes de estadista que España se viese absorbida en la Segunda Guerra Mundial. Una patraña ridícula que intentó hacer olvidar a los españoles que, pocos años antes, él mismo había invitado a España a esos alemanes e italianos de los que luego renegó para matar, no europeos, sino españoles durante la Gue-

36. Paul Preston en Julián Casanova Ruiz, *40 años con Franco*, 2015, p. 32.

rra Civil. Además, asegurar que Franco mantuvo a España fuera de la Segunda Guerra Mundial se desmiente con la División Azul, más de 45.000 voluntarios (siendo muchos «voluntarios» a la fuerza para evitar reprimendas del régimen o intentar proteger a sus familias tras haber apoyado a la República) que fueron a luchar al frente soviético mano a mano con el ejército nazi. No solo es que Franco participase en la guerra, sino que además lo hizo de manera patética y cobarde enviando lo poco que le quedaba a una España destrozada y tras las negativas de Hitler, que consideraba que le saldría demasiado caro introducir a España en la guerra y tener que protegerla de ataques de los aliados, por lo que optó por mantenerla fuera como el país en ruinas que era a pesar de la insistencia del dictador.

Franco era, además, un flipado de manual. No solo es que exigiera a la Iglesia que todos los desfiles lo llevasen bajo palio, cosa que incluso los reyes de España hacían solo de vez en cuando, sino que además era un ser altivo y despreciativo incluso con sus propios amigos. José Sanchiz, que había sido su habitual compañero de caza y de largas veladas durante más de una década, se atrevió a decirle en una ocasión: «¿No le parece que hemos llegado al punto en que nos podemos tutear?», a lo que Franco, hinchando el pecho de patético orgullo, contestó fríamente: «El trato que me corresponde es Excelencia».[37]

37. Paul Preston en Julián Casanova Ruiz, *40 años con Franco*, 2015, p. 43.

En definitiva, Franco fue un personaje oscuro, abyecto, creído y vanidoso que, en el fondo, no era más que un mediocre con suerte cuyas crueles obsesiones hicieron pagar un alto precio al país en ejecuciones, cárceles, campos de concentración, ruptura de familias, exilio de españoles y cuarenta años de ausencia de democracia. Los caprichos de un enano sanguinario fueron enormemente costosos para España.

Los millonarios de la dictadura

> Nuestra cruzada es la única lucha en que los ricos que fueron a la guerra salieron más ricos.
>
> FRANCISCO FRANCO

El verano de 1942 fue especialmente caluroso en la península. Quien podía se refugiaba subiendo al norte y quien no, aguantaba el calor con paciencia. Aunque en aquel momento ese era el último de los problemas de los españoles. Franco, evidentemente, era de los que podía subir al norte. Por eso estaba en Lugo aquel 21 de agosto de 1942. Hacía tres escasos años de su victoria en la guerra y su control de España —o más bien, de las cenizas que quedaban de ella— era prácticamente total. Además, había una guerra europea en curso y los suyos la iban ganando. Siempre confió en la capacidad militar de Hitler y Mussolini. Dos días más tarde, el 23 de agosto de 1942, empezaría la ofensiva nazi contra la ciudad soviética de Stalingrado, apoyada por Franco con los 45.000 soldados de la División Azul[38] —aunque después repetiría que nos había mantenido fuera de la Segunda Guerra Mundial—. La URSS iba a caer, el comunismo tenía sus días contados y Hitler resurgiría como el máximo líder del mundo moderno. Por eso ese día Franco estaba pletórico y especialmente hablador. Tal vez más de lo que se recomendaría para una persona mediocre y tan mal dada para los discursos públicos como él. Arrebatado por el ímpetu y el gozo que le causaba recordar su victoria en la guerra y empujado por los aires de triunfo que rodeaban al fascismo europeo, Franco dijo, en un arrebato de sinceridad: «Nuestra cruzada es la única en que los ricos que fueron a la guerra salieron más ricos».[39] Literalmente reconoció algo que todo el mundo sabía: los traidores al régimen legal republicano no solo combatieron porque odiaban a su propio pueblo y querían limpiarlo de gente que no pensase como ellos, sino también porque con la guerra y la dictadura iban a ganar más dinero del que nunca habrían imaginado. El mismo Franco comenzó la guerra con el sueldo congelado y la acabó con 32 millones de pesetas de la época (equivalentes a 388 millones de euros actuales).[40] Una rentabilidad

38. Su participación fue sobre todo al inicio de la invasión nazi de la Unión Soviética en 1941.

39. Mariano Sánchez Soler, *Los ricos de Franco: grandes magnates de la dictadura, altos financieros de la democracia*, 2020.

40. Haciendo una equivalencia del poder adquisitivo de aquella época en pesetas y en la actual con euros.

desmesurada para tan solo tres años. Y esos números enmudecen frente a la cantidad de dinero, propiedades y negocios que él y su familia fueron capaces de acumular durante los cuarenta años de dictadura. Franco era la gallina del huevo de oro. Lo mejor que se podía hacer para prosperar era asegurarse una posición cercana al dictador.

A Franco se le ocurrió un negocio redondo para él y para sus amigos empresarios: el Patronato de Redención de Penas por el Trabajo, una forma larga y rimbombante de llamar al trabajo esclavo de los presos políticos republicanos. Fue una forma de descongestionar las cárceles, que estaban a reventar de presos —hasta quince veces más capacidad de la que habían sido concebidas— y al mismo tiempo de enriquecer a las empresas amigas con un coste ínfimo. Tan ínfimo como que no tenían que pagar salarios porque trabajaban gratis. Así se construyeron las grandes obras públicas del franquismo. Desde el canal del Guadalquivir, con 5.000 presos políticos, hasta la tumba faraónica que se construyó el dictador ególatra en el Valle de los Caídos, para la que fueron necesarios 20.000 presos republicanos. La concesión de la obra del Valle de los Caídos recayó sobre empresas que serían tremendamente rentables y que desde entonces no harían más que crecer y ganar dinero a espuertas. La base del beneficio económico de esas empresas fue la mano de obra esclava. Si un trabajador normal les costaba 10,50 pesetas al día, el preso político tan solo les suponía 50 céntimos, nada más que para pagarle las comidas y el techo. El negocio era redondo. Y así nació una clase dirigente que cosechó sus millones esclavizando a los perdedores de la guerra, robándoles sus pertenencias, parasitando las instituciones y amasando su fortuna bajo el amparo de la dictadura. Muchos de ellos, por desgracia, mantuvieron todo su poder una vez llegada la democracia.[41]

Derecho al olvido

> El tiempo poco a poco se lleva a los protagonistas.
>
> ANA MESSUTI
> en *El silencio de otros* (2018)

Cada vez que se abre una fosa común de asesinados por el franquismo, al mismo tiempo se abren demasiadas bocas exclamando que no se remuevan las heridas del pasado. Realmente el problema nunca ha sido que estemos obsesionados con el pasado. De hecho, es más bien al revés, preferiríamos dejar de mirar a aquella época de blanco y negro en la que España y los españoles perdieron tanto. Son precisamente aquellos que nos acusan de estar obsesionados con el pasado los que más ansían volver a tener algo que se parezca a lo que hubo. A nosotros nos encantaría poder dejar esa etapa oscura atrás, sin

41. Para saber más, se pueden leer estos libros: *Los Franco, S. A.* (2003) y *Los ricos de Franco* (2021), de Mariano Sánchez Soler, o *Franquismo S. A.* (2019), de Antonio Maestre.

embargo, no nos dejan. Porque el dolor no es algo que se esfuma si lo escondes. Es algo que vuelve y no deja de reaparecer hasta que lo curas. Ese es el verdadero problema, que a España nunca le han dejado curar sus heridas.

En una guerra se cometen siempre atrocidades, nadie lo niega. Pero eso no debería conducir a relativizar los bandos de una guerra con un «todos eran iguales». Ninguno está libre de culpa, ni ninguno se libró de hacer barbaridades. Pero al mismo tiempo también es cierto que mientras unos decían «Viva la República», otros contestaban «Viva la muerte y muera la inteligencia», o mientras unos asesinaban a poetas como Federico García Lorca, otros tenían a poetas como Antonio Machado o Miguel Hernández, y mientras unos contaban con las brigadas internacionales, otros tenían a Hitler y Mussolini. De todas formas, eso no es lo importante aquí. Porque las atrocidades franquistas no se circunscribieron exclusivamente a las cometidas entre 1936 y 1939, sino que continuaron tras la dictadura. Por eso, cuando Franco triunfó y todo su equipo de traidores fue elevado a Gobierno dictatorial de España, se afanaron en reconocer todas las víctimas que habían luchado en su bando, dedicarles calles, construirles monumentos e incluso levantar una cruz de 150 metros en el Valle de los Caídos que recordaría por siempre a los muertos en la guerra. Pero los de su bando, los que lucharon por el fascismo, los que lucharon mano a mano con Hitler y Mussolini. Y mientras los franquistas podían llorar a sus muertos de la guerra, el dictador siguió matando y el resto de las víctimas tenían que esconderse en cualquier rincón porque, en ese momento, incluso estar emparentado con alguien que hubiese luchado por la libertad y contra Franco era motivo de persecución. Se hizo oscuro para todos los que, además de haber perdido la guerra y un país, perdieron el derecho a llorar a sus muertos.

Lo que pide la memoria histórica es algo tan sencillo como poder llorar a muertos que no pudieron ser llorados. No se trata de revancha, ni siquiera de justicia —para eso tal vez sí pasaron demasiados años—, sino de simple humanidad. De saber dónde están enterrados los hermanos, los tíos y los abuelos de una generación entera de españoles que crecieron en el frío silencio de una dictadura criminal. No se trata de reavivar viejas luchas. Se trata de poder reconciliarse con la historia de nuestro país. Porque mientras nuestras cunetas estén llenas de españoles asesinados, nuestra democracia seguirá vacía. Porque no se puede construir nada digno sobre un suelo plagado de fosas comunes en las que están enterrados decenas de miles de españoles que fueron asesinados, no solo durante la guerra, sino durante la dictadura, simplemente por no comulgar con el régimen.

Esta es una cuestión de patriotismo. No hay país que se quiera a sí mismo que pueda construir nada sobre una historia rota como la nuestra. Quien de verdad quiere a España no puede permitir que sus cimientos estén sembrados de cadáveres, sufrimiento y desmemoria. Un país decente supera sus traumas enfrentándose a ellos, no haciendo como que no existen y olvidando a la fuerza. Hace falta justicia, reparación y memoria. Solo entonces podremos comenzar a ser un país sin complejos. Porque el patriotismo no consiste en olvidar, consiste en reconocer a aquellos que se dejaron la vida por defender a España de unos traidores golpistas; no consiste en dejar las cunetas llenas de luchadores, consiste en recoger su ejemplo y predicarlo a los cuatro vientos. El patriotismo es estar orgullosos de lo que los españoles hicieron luchando contra una terrible dictadura, no callar mientras una minoría gritona repite que recordando a esos valientes se reabren heridas.

Nuestra patria más digna está enterrada en cunetas y sobre ellas hay un atajo de politicuchos, parásitos y oligarcas que la quieren seguir ahogando en la tierra. Ya es hora de apartarlos y recuperar esa España enterrada que es semilla de libertad y de orgullo patriótico.

8

Los que lucharon por la libertad

Lamentablemente siempre es más sencillo echarse a un lado, resignarse a lo existente y lavarse las manos ante cualquier situación complicada. No intervenir y mirar hacia otro lado podría parecer que es la actitud del que aspira a no meterse en problemas. Sin embargo, cuando se está cometiendo una injusticia, mirar hacia otro lado se convierte en un acto de cobardía cómplice del agresor. La historia de España merece un lugar privilegiado en el recuerdo a todas las personas valientes que no miraron hacia otro lado, sino que se implicaron hasta el fondo, poniendo en riesgo su patrimonio, su gente y sus vidas para frenar el horror. No hay mayor orgullo nacional que el de recordar a aquellos que lo dieron todo sin pedir nada a cambio para defender un mundo más justo frente a las garras de quienes hasta entonces habían estado acostumbrados a tenerlo todo y que, en pocos años, cometerían las atrocidades más inhumanas que el suelo español primero, y el europeo después, habrían conocido en la historia.

Por desgracia, luchar por lo que es justo no siempre está bien recompensado. En el caso de los héroes que combatieron por la libertad de España, lo pagaron con sus vidas, con el exilio y con otra guerra en Europa. Por eso nuestro compromiso debe ser con su memoria, recordando sus vidas, sus hazañas, y dándoles lo que entonces no pudimos: las gracias por empujar nuestro país hacia un lugar mejor.

Un mundo nuevo en nuestros corazones

> Las ruinas no nos dan miedo. Sabemos que no vamos a heredar más que ruinas, porque la burguesía tratará de arruinar el mundo en la última fase de su historia. Pero a nosotros no nos dan miedo las ruinas porque llevamos un mundo nuevo en nuestros corazones. Y ese mundo está creciendo en este instante.
>
> BUENAVENTURA DURRUTI

Mientras el Estado se desmoronaba, los fascistas traicionaban la lealtad a España y los países occidentales miraban hacia otro lado cuando Hitler y Mussolini empezaban a mandar tropas a la península, la vida continuaba. En la mayor parte del país los problemas seguían siendo los mismos de siempre: trabajar, llevarse algo a la boca y cuidar de los tuyos. El Gobierno republicano había intentado encargarse de esos problemas con sus lentas e insuficientes reformas, pero el golpe fascista lo paró todo y se volvió a la situación de origen. Trabajar, comer y cuidarse.

En los territorios que cayeron en manos de los traidores, las cosas siguieron como siempre lo habían sido. De hecho, allí donde pudieron, retrocedieron. Donde se había repartido la tierra a quienes la trabajan, se la devolvieron a sus dueños; donde se habían repartido casas, estas volvían a sus caseros; donde se habían construido escuelas y contratado a profesores, se las daban a la Iglesia y a los curas. Pero allí donde el golpe no había triunfado las cosas empezaron a ser diferentes. Y, paradójicamente, no fue porque la República quisiera, sino porque la República dejó de existir. Tras el 18 de julio la gente común tomó las armas y defendió sus calles, sus vidas y su proyecto político independientemente de cualquier Gobierno o autoridad vigente. Eso provocó un gran caos y desorden, por supuesto. Hubo imágenes terribles de linchamientos y asesinatos arbitrarios por parte de grupúsculos radicalizados que se vieron amparados por la falta de legalidad que había provocado la caída del Estado tras el golpe fascista. Sin embargo, al mismo tiempo se dio un proceso único de autoorganización en el pueblo español. Los trabajadores tomaron las calles, las hicieron suyas y construyeron el país que llevaban dentro de sus corazones pero que no habían tenido la oportunidad de ensayar hasta entonces.

Fue una experiencia breve. Las miserias de la guerra no tardaron en llegar a todos los rincones del país. Los jóvenes partían al frente, la escasez de alimentos aumentaba y la incertidumbre sobre el futuro no dejaba de crecer. Sin embargo, hubo un gran ensayo general revolucionario. Los obreros y campesinos demostraron que había una forma distinta de hacer las cosas. Mientras los fascistas intentaban hacer retroceder de nuevo a España —como siempre—, el pueblo español autoorganizado la hacía avanzar. Y siempre haciendo más que diciendo. Demostrando que se podían hacer las cosas diferentes. Que un país distinto en el que hubiese justicia social, trabajo para todos y una producción de bienes colectiva era posible. Los ricos no hacían falta para nada. Habían huido todos. Solo les hizo falta sus manos, su inteligencia y, sobre todo, que los dejasen hacer. Y así lograron tierras colectivizadas, jornadas de trabajo dignas, redistribución de la producción y una organización democrática de la sociedad. Según Heiner Koechlin, «en España se hizo realidad por primera vez a gran escala y con muchas variantes una autoadministración económica que recibió el nombre de colectividades y que hoy denominaríamos autogestión».[42] Frank Mintz cifraría en cerca de dos millones de españoles los que vivieron una experiencia de colectivización de gran calado durante los años de la guerra (758.000 en las zonas campesinas y 1.080.000 en las industriales).[43] Félix Carrasquer, un anarquista español que fue protagonista de aquellos hechos, explicaba como «Por una vez, la realización de lo "imposible" se hizo

42. Heiner Koechlin, citado y traducido en <https://www.redalyc.org/journal/537/53751755008/html/>.

43. Franz Mintz, *La autogestión en la España revolucionaria*, 1977.

posible gracias a un puñado de hombres cuya confianza en el ser humano —en el que existen posibilidades inmensas cuando se desenvuelve en un clima de libertad y de cooperación solidaria— pudo más que todos los estereotipos de un sistema que induce a la pasividad de los individuos favoreciendo el mantenimiento de los valores tradicionales y la perpetuación de la rutina».[44] Obreros y campesinos sin estudios y de origen social humilde fueron capaces de autoorganizarse eficazmente para satisfacer por ellos mismos sus necesidades sin necesitar a nada y a nadie más que a ellos mismos y su trabajo duro. Se encargaron de demostrar de manera práctica que una sociedad diferente era posible y que para eso no necesitaban capataces ni patrones.

Evidentemente, como todo lo bonito que llega demasiado pronto, lo hicieron fracasar. Las comunas autoorganizadas que producían suficiente alimento para todo el pueblo fueron disueltas, las mujeres que habían empezado a trabajar y a tener vidas independientes de sus maridos fueron devueltas a las cocinas y a los lavaderos, los niños que habían sido escolarizados en escuelas públicas y laicas fueron devueltos a la Iglesia, y la experiencia revolucionaria autogestionada terminó para dar paso a la barbarie franquista. Pero hubo una época, una pequeña época, en la que cuando todo se tambaleaba, brilló un pequeño rayo de esperanza que demostró que el pueblo organizado lo podía todo.

44. Félix Carrasquer, *La escuela de militantes de Aragón. Una experiencia de autogestión educativa y económica*, 1978.

Un alma sin fronteras

> Cuando los años pasen y las heridas de la guerra se vayan restañando; cuando el recuerdo de los días dolorosos y sangrientos se esfume en un presente de libertad, de paz y de bienestar; cuando los rencores se vayan atenuando y el orgullo de la patria libre sea igualmente sentido por todos los españoles, hablad a vuestros hijos; habladles de estos hombres de las Brigadas Internacionales.
>
> DOLORES IBÁRRURI, LA PASIONARIA

> De inmediato reconocí que aquel era un estado de cosas por el que valía la pena luchar.
>
> GEORGE ORWELL

Los Juegos Olímpicos de 1936 se acabaron celebrando en la Alemania nazi de Adolf Hitler. Durante unos meses hubo un largo debate sobre si se debían boicotear y no participar en ellos o asistir con normalidad al evento deportivo como si nada ocurriese. El equipo de Estados Unidos al principio optó por no acudir, sin embargo, finalmente acabaron optando por participar junto a algunos otros países. Pero España, como país democrático y antifascista, decidió que no participaría en esos Juegos

Olímpicos. No obstante, los españoles no se iban a quedar sin competir por culpa de un régimen fascista y, como alternativa, la República organizó la Olimpiada Popular, que se celebraría en Barcelona entre el 19 y el 26 de julio de 1936. Para participar en este evento deportivo alternativo a los Juegos Olímpicos nazis, se inscribieron más de 6.000 atletas de 22 países diferentes entre los cuales incluso había equipos de judíos que se habían exiliado de Alemania huyendo del terror nazi. Por desgracia, todos esos atletas nunca llegaron a competir en España, al menos no de la manera que esperaban.

Justo un día antes de comenzar la Olimpiada Popular, los militares traidores a la República se alzaron en armas y dieron inicio a la guerra civil española. Ante esta situación, a los deportistas extranjeros, que ya estaban instalados en España y listos para competir, se les dio la opción de volver a sus países de origen y evitar el conflicto que estaba a punto de estallar. Sin embargo, gran parte de esos deportistas estaban profundamente comprometidos con la democracia y la lucha contra el fascismo y decidieron permanecer en territorio español para unirse a las milicias republicanas y participar en los primeros enfrentamientos contra los golpistas. Barcelona estaba llena de deportistas olímpicos que, en vez de competir contra otros deportistas, cogieron las armas y compitieron contra los golpistas en las calles.

Esos valientes, junto a cientos de europeos exiliados en España y miles de extranjeros que vinieron en cuanto fueron conscientes del peligro que suponía una victoria fascista frente a la República, constituyeron el germen de las Brigadas Internacionales: la mayor movilización internacional de combatientes que hasta entonces había presenciado el mundo. Alrededor de 35.000 voluntarios procedentes de más de 60 países dejaron todo atrás y vinieron a España a luchar por la libertad de un pueblo que, aunque no fuese el suyo, contribuyeron a liberar de las garras del fascismo internacional. Uno de esos 35.000 voluntarios fue George Orwell, autor de grandes obras como *1984* o *Rebelión en la granja*, que participó en las milicias del POUM durante la primera parte del conflicto. En la Navidad de 1936 y de camino hacia Barcelona, Orwell pasó por París para visitar a un amigo. Cuando este le preguntó qué iba a hacer en España, Orwell contestó: «Voy a matar fascistas porque alguien debe hacerlo».[45]

Mientras los golpistas tenían a italianos y alemanes probando sus ejércitos profesionales en suelo español como entrenamiento previo para la carnicería de la que serían responsables pocos años más tarde durante la Segunda Guerra Mundial, la España democrática tenía a personas de todo el mundo que no luchaban ni por interés egoísta, ni por poder ni por dinero, sino por un ideal democrático y de defensa de la libertad. Y lo más importante, lo hacían sin pedir nada a cambio. Era una lucha sincera, expresada en cientos de lenguas diferentes, pero con un mismo objetivo: la libertad.

45. George Orwell: «Voy a matar fascistas porque alguien debe hacerlo», disponible en <https://www.abc.es/historia/20130625/abci-george-orwell-guerra-civil-201306241730.html>.

Nuestro país, décadas después de aquella guerra infame y de la larga dictadura, se pobló de pequeños monumentos (nunca serán suficientes) en homenaje a las Brigadas Internacionales. Pequeños reductos de memoria democrática que honran el recuerdo de aquellos valientes que lucharon lejos de sus países por la libertad de un pueblo al que apenas conocían. Por desgracia, cada cierto tiempo es habitual encontrar alguno de estos monumentos vandalizados, pintados o destrozados por grupos de extrema derecha. Es especialmente perverso el odio que le tienen a los brigadistas internacionales. Durante un tiempo me pregunté el porqué de un odio tan encarnizado precisamente contra ellos, y finalmente lo comprendí. No hay nada que los fascistas odien más que a unos extranjeros que, a pesar de venir de fuera y de no hablar español, lucharon e hicieron más por la independencia y la libertad de España de lo que la extrema derecha hará jamás. Y no lo pueden soportar. El ejemplo de las Brigadas resuena a lo largo y ancho de la historia y demuestra que lo importante no son ni las banderas, ni los idiomas ni la procedencia. Lo importante es lo que uno hace con sus manos. Y todo aquel que use las manos para hacer de España un país mejor, es bienvenido a formar parte de nuestra historia y de nuestro orgullo nacional.

Lejos de la patria

Medio millón de españoles jamás recuperaron su país. Eran personas que habían sobrevivido a la guerra, soldados que habían esquivado la muerte, republicanos que temían por su vida, familiares de combatientes que tenían miedo a las represalias, intelectuales antifascistas que ya no podrían pensar con libertad, poetas progresistas que serían perseguidos y escritores que tendrían que huir con lo puesto para poder seguir ejerciendo su trabajo. España se empezaba a vaciar de gente decente y ya no solo se desangraba en sus campos de batalla, sino también por sus fronteras. A partir de entonces todos ellos tuvieron que vivir huyendo de lo que tanto habían amado. Así vivieron los patriotas que, habiendo luchado por la libertad de España, perdieron la guerra y la patria, todo al mismo tiempo. Expulsados del país que habían defendido, huyendo con lo puesto y con toda la vida empaquetada en maletas de cartón maltrecho, cruzaron los Pirineos para llegar a Francia o abarrotaron los barcos que partían hacia México. Los españoles huían de su propio país perseguidos por aquellos que no solo se habían rebelado contra la legalidad vigente, sino que además pretendían «limpiar a España de malos españoles».

El exilio estaba lleno de grandes hombres y mujeres: Antonio Machado, Luis Buñuel, Luis Cernuda, Pablo Picasso, Rafael Alberti, María Teresa León, María Zambrano, Juan Ramón Jiménez, Pedro Salinas, Ramón J. Sender, Manuel Chaves Nogales, Clara Campoamor, Max Aub y muchísimos otros grandes nombres de la cultura española que ya no podían vivir en libertad en su propio país. De un plumazo, España se vació de intelectuales y se llenó de represores. Los que no lograron huir, como Federico García Lorca o Miguel Hernández, fueron asesinados cruelmente (uno con un tiro por el culo «por rojo y maricón» y otro encerrado y maltratado hasta la muerte en las cárceles franquistas). El exilio no solo fue hacia el exterior, sino que también hubo un gran exilio interior de mucha gente que despertó siendo extranjera en su propio país teniendo que vivir escondida, con la cabeza agachada y aterrorizada.

Franco estaba rabioso. Demasiadas personas se le habían escapado y además estaban dándole guerra desde el exilio. Por eso, durante sus primeros días de gobierno prometió, para legitimarse internacionalmente y presentarse como un líder conciliador, que acogería a todos los exiliados españoles que no tuvieran las manos manchadas de sangre y quisieran volver a España. Los que confiaron en su palabra y regresaron fueron encarcelados, juzgados y muchos de ellos ejecutados. Sirvió como ejemplo para todos los demás. No quedaba más camino posible que el del exilio o el de la muerte.

Francia había sido para muchos el ejemplo de un país admirable. Tierra de la libertad, la igualdad y la fraternidad. Una nación progresista y avanzada en la que, por desgracia, los españoles dejaron de creer en muy poco tiempo. Los gobernantes franceses no pudieron ser más crueles con la lucha por la democracia en España primero y con el exilio español después. Durante la Guerra Civil, Francia firmó un vergonzoso pacto de no intervención junto al resto de los países occidentales mientras alemanes e italianos paseaban por España como si fuese su patio trasero, y cuando la guerra se perdió, la única respuesta de Francia fue la de fortificar sus fronteras y construir campos de concentración para almacenar la avalancha de españoles que huían de la represión y la muerte. Es especialmente duro recordar las palabras del ministro del Interior francés de aquellos años, Albert Sarraut, cuando se referiría a los exiliados españoles como «elementos indeseables»[46] de los que había que librarse, o las del diputado Jean Ibergaray, que exclamó en la Asamblea Nacional francesa: «¡Los exiliados, a su país!», y a continuación dijo que «lo mejor para acabar de una vez con tanta roña y para que no infecten a toda Francia sería colocarlos en unos cuantos barcos y que la carga fuese vaciada en medio del Atlántico».[47] Estaba claro que los españoles no eran bienvenidos en Francia.

Los campos de concentración franceses se construyeron rápidamente y de mala manera. Los exiliados no solo tenían que sufrir el recuerdo de la derrota, la humillación de verse encerrados como si fuesen criminales, la lejanía de sus seres queridos y la represión fascista, sino que además tenían que plantearse el dilema de, o volver a España, donde Franco les daría una muerte segura, o permanecer en un país en el que los trataban como escoria y en el que no los querían. Ángel Gómez, que estuvo encerrado en el campo de Saint-Cyprien (por el que pasarían más de 100.000 españoles), explicaba que «Era como si fuéramos animales. Había unas alambradas, en el interior estába-

46. Aurelio Velázquez Hernández, *La otra cara del exilio. Los organismos de ayuda a los republicanos españoles en México (1939-1949)*, 2012.

47. Josep Sánchez Cervelló, *La Segunda República en el exilio (1939-1977)*, 2011.

mos los españoles y detrás la mar [...] Allí, las condiciones son durísimas: la humedad de la arena se filtra por todos lados sin que la ropa de abrigo, por otra parte muy escasa, pueda impedirlo. Pronto el frío comienza a hacer estragos en la salud de gran parte de los refugiados, y los que intentan escapar de allí son retenidos por las alambradas o por guardianes que no dudan en disparar a matar contra cualquier fugitivo».[48] Quien no murió en la guerra murió por las pésimas condiciones a las que sometieron a los refugiados. Pero eso no iba a ser todo lo que tendrían que soportar los exiliados españoles.

El terror había ganado en España, pero no iba a detenerse ahí. La Alemania de Hitler y la Italia de Mussolini estaban sedientas de sangre y el estallido de la Segunda Guerra Mundial era inminente. Las dictaduras fascistas acabarían lanzándose contra aquellos que, como Francia e Inglaterra, habían firmado el cobarde Pacto de No Intervención y se habían negado a ayudar a España cuando esta estaba sufriendo lo mismo que ellos estaban a punto de sufrir.

Los españoles conocían bien a ese enemigo que iba a provocar la Segunda Guerra Mundial porque ya lo habían combatido con fiereza durante casi cuatro años en España. Por eso, a pesar de todos los maltratos y ninguneos a los que los había sometido Francia, se alistaron de manera masiva y desinteresada en la Legión Extranjera para

48. «Españoles tras la alambrada: los campos de concentración del exilio en Francia», disponible en <https://www.elindependiente.com/tendencias/historia/2019/02/17/espanoles-alambrada-campos-concentracion-exilio-francia/>.

seguir combatiendo, esta vez fuera de su patria, a quienes habían sometido a España y ahora pretendían hacer lo mismo con el resto de Europa. Mientras Franco reclutaba (y en muchos casos obligaba para evitar la cárcel o limpiar su imagen) a jóvenes españoles para ir a morir al frente soviético, luchando mano a mano junto a las tropas nazis, los españoles exiliados contribuían al esfuerzo antifascista al que comenzaron a sumarse todos los países occidentales para liberarse del yugo hitleriano. El idioma era distinto, el país diferente, pero la lucha era la misma: contra el fascismo y por la libertad.

Los que liberaron París

> Y no olvidéis, y que nadie se olvide, que si hoy nos toca a nosotros resistir la agresión fascista, la lucha no termina en España. Hoy somos nosotros; pero si se deja que el pueblo español sea aplastado, seréis vosotros, será toda Europa la que se verá obligada a hacer frente a la agresión y la guerra.
>
> DOLORES IBÁRRURI, LA PASIONARIA

Dietrich von Choltitz, el gobernador militar alemán del París ocupado, fue detenido por un extremeño, un aragonés y un andaluz. Tres españoles, Antonio Gutiérrez, Antonio Navarro y Francisco Sánchez, apresaron al comandante de las fuerzas de ocupación nazis de la capital francesa y a sus más estrechos colaboradores en 1944. Habían pasado cinco años desde que la guerra había terminado en España, pero los españoles seguían luchando.

Cuando acabó la Guerra Civil y Franco se hizo con el poder absoluto, solo quedaba una alternativa para todos aquellos que habían combatido por la República: muerte o exilio. Quienes se quedaron aguantaron persecución, represión y fusilamientos. Quienes se fueron soportaron exilio, campos de concentración y una nueva guerra, la Segunda Guerra Mundial. Salían de una para meterse en la otra. Ante la invasión nazi de Francia, los antifascistas españoles exiliados no lo dudaron ni un momento. A pesar de los campos de concentración franceses, del maltrato a los exiliados españoles y del abandono al que sometieron a la República durante la Guerra Civil, se lanzaron en masa a alistarse al ejército de la Francia libre para seguir combatiendo al fascismo. La lucha era la misma que llevaban desempeñando desde hacía años, solo cambiaba el país.

La División Leclerc era una unidad compuesta por 16.000 combatientes de los cuales 2.000 eran españoles republicanos. Se alistaron para liberar Francia, pero en su cabeza tenían el recuerdo de lo que se perdió en España y de todo el dolor que iba a ocasionar el fascismo si también triunfaba en el país vecino. Bordaron la bandera republicana en sus uniformes, les pusieron nombres españoles a sus vehículos y siguieron luchando por la libertad en otro país. Los españoles sentían que cada ciudad francesa que liberaban los situaba un paso más cerca de poder volver a España y recuperar su patria.

El 20 de agosto de 1944 París se rebeló contra el dominio nazi. Era el momento idóneo para actuar. El ejército aliado aprovechó la situación de caos para avanzar hacia la capital francesa y tomar desprevenidos a sus ocupantes. Pero antes de entrar a la ciudad debían mandar una unidad de vanguardia para que fuese abriendo el camino a las tropas. Esa unidad fue «La Nueve», la 9.ª Compañía de la División Leclerc, integrada exclusivamente por 150 republicanos españoles. Eran los que más experiencia habían acumulado en la lucha contra los fascistas y los que habían demostrado estar más preparados para esa misión. Aquellos 150 españoles, equipados con uniformes y armamento norteamericanos y con la bandera republicana bordada en sus uniformes, rompieron la línea defensiva nazi y penetraron en París abriendo la brecha definitiva por la cual la ocupación alemana terminaría. Por las calles de París se pudieron ver vehículos militares con nombres bastante familiares: Madrid, Teruel, El Ebro, Guernica, Don Quijote, Resistencia, Santander, Guadalajara... Esos blindados, con nombres españoles y conducidos por soldados que tras haberse enfrentado a Franco lo hacían ahora a su hermano mayor alemán, fueron los primeros que entraron en París en el día de su liberación.

La noche del 24 de agosto los españoles llegaron al Ayuntamiento de París. El primer blindado que entró en la plaza del Ayuntamiento fue el Guadalajara, repleto de soldados extremeños, y el primero que entró en combate con los nazis fue el Ebro, capitaneado por un canario y conducido por un catalán. Pocas horas después, allí fue donde, por un capricho de la historia, un extremeño, un aragonés y un andaluz capturaron al gobernador nazi de París cinco años después de que esos mismos alemanes los hubiesen expulsado de su propio país. Los españoles habían hecho justicia, habían detenido al carnicero de París y habían ayudado a liberar una ciudad que a partir de entonces ya siempre sería suya también.

Al día siguiente de acabar con la ocupación nazi se celebró el desfile de la victoria por los Campos Elíseos, el Arco del Triunfo y Notre-Dame. En ese desfile, convertido en fiesta popular, los combatientes de La Nueve ocuparon un espacio privilegiado. Recorrieron las calles parisinas acompañados por el general De Gaulle, líder de la resistencia francesa, conduciendo sus blindados de nombres españoles, portando banderas tricolores y dando gritos de «¡Viva la República!». Por primera vez, los españoles ganaron. Pero lo hicieron fuera de su patria, liberando a un país vecino de lo que no habían podido liberar al suyo.

Fueron gente sencilla que hicieron cosas extraordinarias. Españoles que, a pesar de que les habían arrebatado todo, incluso su propio país, no perdieron las ganas ni el empeño y siguieron luchando contra aquellos que tanto dolor habían generado en su casa primero y en toda Europa después. La historia de los héroes de La Nueve es una de nuestras mejores historias de orgullo nacional, que incluso resuena más allá de nuestras fronteras.

9

Una nueva restauración

Franco fue un dictador cruel y mediocre cuyo mayor logro fue el de arrimarse al ascua que más calor daba en cada momento. Durante la Guerra civil se arrimó a Hitler y Mussolini, y ganó. Tras la Segunda Guerra Mundial, habiendo perdido a sus últimos amigos, se arrimó a Estados Unidos, y siguió ganando. Y de esa manera, siendo el triste protegido de potencias extranjeras, fue aguantando hasta que murió en 1975.

La sanguinaria represión que había inaugurado en 1936 no cesó hasta el mismo día de su muerte, y cuando murió en su cama, su sucesor ya estaba preparado para tomar de nuevo el rumbo de España. Volvían los Borbones de la mano de Juan Carlos, pero España, tras cuarenta años de oscuridad franquista, era muy diferente de la que su abuelo Alfonso XIII había abandonado. Comenzaba la transición española.

No es el propósito de este capítulo hacer un recorrido exhaustivo por los eventos que sucedieron en este periodo durante el cual España se fue a la cama siendo una dictadura y se despertó siendo una democracia, sino más bien desmontar algunos consensos inquebrantables y concluir un repaso histórico que acaba en la actualidad.

Una corona para gobernarlos a todos

> Por los Borbones los españoles nos odiamos, luchamos y perecemos, nos perseguimos como fieras; y cuando después del combate pensamos fríamente en las ventajas que para el vencedor ha traído, hallamos que el vencedor es de esta familia.
>
> José Nakens

Toda monarquía tiene un origen criminal. En algún momento algún señor de la guerra se hizo lo suficientemente poderoso para lograr imponer su voluntad a la del resto, y a partir de ahí justificó su dominio diciendo que era voluntad de Dios. En palabras de Thomas Paine, la monarquía se funda en «algún tipo de robo que se justifica en nombre del derecho de conquista y que luego se blanquea de forma hereditaria con el paso de las generaciones».[49]

49. Thomas Paine, «An Essay for the Use of New Republicans in their Opposition to Monarchy», en Michael Foot e Isaac Kramnick, eds., *The Thomas Paine Reader*, 1987.

Sin embargo, la monarquía española ni siquiera tuvo tiempo para justificar y blanquear su propio robo porque todas las veces que el pueblo español consiguió acabar con ella volvió de la mano de un golpe militar. La tradición borbónica en España era la de apoyar siempre a los militares golpistas.

Fernando VII con los soldados franceses de los Cien Mil Hijos de San Luis contra la Constitución de Cádiz y los primeros liberales; Alfonso XII con el golpe militar del general Martínez Campos en 1874 contra la Primera República; Alfonso XIII con Primo de Rivera para evitar las comisiones de investigación sobre su corrupción, y finalmente lo mismo en 1936 contra la Segunda República. La monarquía siempre ha necesitado la violencia para imponerse.

No fue hasta Juan Carlos I cuando, dándose cuenta de que en esa ocasión le iba a dar mayor rédito político no apoyar el golpe de Estado del 23F, el rey se opuso al golpe de Tejero. De todas formas, todavía no podemos saber bien qué ocurrió, puesto que los documentos siguen siendo secretos y no ha habido Gobierno que se haya atrevido a desclasificarlos para que los españoles entendamos bien cuál fue el verdadero papel de Juan Carlos en aquel episodio.

Si hay otra cosa evidente es que, para ser rey, no es necesario tener ningún tipo de habilidad o destreza especial. Para llegar a ser rey basta con haber nacido en la familia adecuada y en el momento adecuado. Nada más. Es por ello por lo que los más férreos defensores de la monarquía intentan justificar su existencia estableciendo un supuesto vínculo entre la monarquía y la nación española. Como si los Borbones (una dinastía francesa) fuesen la máxima expresión de nuestra nación. No obstante, no hay nada más alejado de la realidad. La monarquía siempre ha sido un obstáculo para la formación de la nación española, puesto que esta representaba el poder de los ciudadanos frente al poder absoluto del monarca. Desde el primer momento, la nación estuvo enfrentada a la monarquía y eran cosas antitéticas.

Es más, las monarquías españolas siempre han sido forasteras y ajenas a su propio pueblo. Con demasiados reyes que ni siquiera conocían el castellano (ni ninguna de las otras lenguas españolas) y cuya forma de relacionarse con las leyes y costumbres preexistentes a su llegada fue la de intentar reprimirlas, ahogarlas y prohibirlas. Cuando hablamos de personas que venían de fuera, hablaban otros idiomas y, sobre todo, tenían vidas muy distintas a las del resto de los españoles, no hablamos de inmigrantes que trabajaban humildemente en nuestro país, sino de nuestros propios reyes. Para ellos España no era un país ni una nación, era una corte. Y tampoco había ciudadanos, había cortesanos obedientes.

La relación de España con su monarquía ha sido siempre difícil porque nunca hemos tenido a un monarca que se parezca verdaderamente a su país. Millonarios extranjeros cuya única legitimidad no es el amor de su pueblo, sino sus apellidos y sus contactos. Sin embargo, eso no impidió a Juan Carlos I prosperar en la España que el traidor de Franco dejó en 1975.

Auge y ocaso de Juan Carlos I

> Todos, sobre todo las personas con responsabilidades públicas, tenemos el deber de observar un comportamiento adecuado, un comportamiento ejemplar. Cuando se producen conductas irregulares que no se ajustan a la legalidad o a la ética, es natural que la sociedad reaccione.
>
> JUAN CARLOS I,
> discurso de Navidad de 2011

Juan Carlos I reinó por designación de uno de los mayores traidores a España, el dictador Francisco Franco. El pueblo español se encargó en 1931 de que el reinado de los Borbones terminase junto a sus privilegios, sus robos y su deslealtad a España. Sin embargo, un hatajo de militares antidemócratas quiso cambiar la voluntad del pueblo a través de las armas y acabaron con la República para dar paso a una dictadura. Una dictadura en la que Franco conservó el poder a pesar de haber prometido volver a instaurar la monarquía tras las declaraciones del padre de Juan Carlos I, Juan de Borbón, ofreciéndose para luchar al lado de las tropas sublevadas. A Franco le costó un buen tiempo, pero tras casi una década de mandato presentó una Ley de Sucesión en 1947 por la cual se volvería a restaurar la monarquía en España. En otras palabras, la monarquía se vuelve a instaurar en España por voluntad única y expresa de Franco. Ni del pueblo español, ni de su Gobierno legítimo.

La monarquía volvió a España porque así lo decidió un dictador. Sin embargo, como Franco todavía no quería que nadie le hiciese sombra, decidió que la corona no sería restaurada en Juan de Borbón, sino en su hijo, Juan Carlos, que por entonces era todavía un niño.

Juan Carlos de Borbón, como es costumbre en su dinastía, no nació en España, sino en Roma, en 1938. Diez años después llegaría por primera vez a Madrid, sin saber hablar demasiado bien el español y quedando al cuidado de Franco. Durante décadas la vida de Juan Carlos se resumió en vivir a costa del régimen dictatorial esperando tímidamente a que el caudillo algún día le dejase reinar. Lejos de ser un héroe, fue un esperador paciente y cobarde. Hasta que en 1969, con un Franco ya envejecido y ajado por los años en los que su única responsabilidad había sido la de continuar manteniendo a España convertida en una cárcel, decidió oficializar a Juan Carlos como su sucesor con título de rey. Juan Carlos I, sucesor de Francisco Franco. Por eso el futuro rey nunca preocupó ni hizo dudar a su protector: cuando tenía que jurar las Leyes Fundamentales del Régimen y los Principios del Movimiento Nacional, los juraba; cuando tenía que declarar lealtad por Franco, lo hacía; cuando tenía que oficiar actos dictatoriales, los oficiaba. Su objetivo era ser su heredero y para eso tan solo se tenía que comportar como un real pelota del dictador. Y se le daba de lujo.

Cuando Franco murió en cama (una vergüenza nacional) Juan Carlos I fue coronado. Durante el acto oficial de coronación, sin ningún tipo de reparo, volvió a reiterar su adhesión a las Leyes Fundamentales de la dictadura, e incluso una de sus primeras acciones fue otorgar el señorío de Meirás a la mujer de Franco y el ducado de Franco a su hija, Carmen. Nacía el reinado de Juan Carlos I siguiendo la más profunda tradición borbónica española: cuidando a los tiranos y dando la espalda al pueblo. Sin embargo, el pueblo no iba a dar la espalda a lo que estaba sucediendo en España. Con el dictador muerto las cosas tenían que empezar a cambiar. Habían sido cuarenta años de oscuridad y de larga marcha entre las tinieblas. La represión había sido muy dura, pero las nuevas generaciones no se achantaron. El ejército seguía amenazando, pero el empuje democratizador era muy fuerte. En Portugal hacía tres años que habían acabado con la dictadura de Salazar y habían legalizado partidos socialistas y comunistas. Se empezaba a respirar aires de cambio y se veía que se podía salir de esa época tan sombría. En ese contexto Juan Carlos, lejos de tener una voluntad democrática, se volvió demócrata por interés. Cuando le tocó posicionarse con Franco, lo hizo. Cuando lo tuvo que hacer con la democracia, lo hizo también. La transición fue a pesar de Juan Carlos I, no gracias a Juan Carlos I. Fue la movilización popular en las calles durante los años 1976 y 1977 la que acabó con la dictadura y con las esperanzas de los lacayos franquistas de prolongarla bajo otras formas y con cambios menores como pretendían algunos como Carlos Arias Navarro o Manuel Fraga Iribarne (ministro de Franco y fundador de Alianza Popular, partido originario del PP). Si bien es cierto que Juan Carlos se posicionó contra el golpe de Estado de 1981 (aunque tardase unas horas en hacerlo), la Ley de Secretos Oficiales impide acceder a las grabaciones de las conversaciones telefónicas entre el rey y los golpistas liderados por Alfonso Armada y todavía ni siquiera tenemos acceso al informe de los servicios secretos previos al levantamiento militar.

Ya por aquel entonces, a Juan Carlos, además de dársele bien ponerse siempre del lado ganador, había comenzado uno de sus entretenimientos preferidos: el cobro de comisiones ilegales. Sus primeros escarceos corruptos comenzaron con el cobro de comisiones por la compra de barriles de petróleo a las monarquías del golfo Pérsico, pero continuarían de diferentes formas hasta el último de los días de su reinado. Nunca estuvo demasiado claro si en España llegamos nunca a tener un rey o simplemente un comisionista. La corrupción de Juan Carlos I, al igual que su condición de canallita extramarital, fue ampliamente conocida por todos los españoles a lo largo de los años. Por eso, siempre que sale una noticia nueva de corrupción, ya ni siquiera reaccionamos con sorpresa o indignación, sino con la apatía de aquellos que ya saben que el rey era corrupto. Pero se le permitía.

Que Juan Carlos I es un ladrón lo admitió hasta su propio hijo Felipe cuando renunció a su herencia y le quitó su sueldo vitalicio en 2020. Lo de enfrentarse a los padres por mantener el poder es una cosa habitual en las clases altas, que, antes que la familia, lo que defienden es su patrimonio y su poder. Si hasta su hijo asumió que Juan Carlos I era un corrupto, ¿quién va a pensar que no lo fuese? Es cierto que Juan Carlos consiguió algo muy difícil en un país como España, tan aficionado al frentismo y a situarse en trincheras diferentes: construir un consenso. El mito de la transición fabricó un consenso en torno al proceso por el cual España se había acostado franquista y se había levantado demócrata. Y en esa transformación maravillosa hubo un director magistral de la obra: Juan Carlos I. Con eso se olvida que es hijo de una casta monárquica que cada vez que se acercó a nuestro país fue para reprimirlo, que tuvimos que expulsar a casi todos sus antepasados y que, para más inri, fue protegido de Franco desde bien pequeño. Sin embargo, todo se le perdona por su condición de artífice de la transición. Desde la corrupción hasta las faltas de respeto a nuestro pueblo. Pero los mitos no son eternos, y si no se abren las ventanas, se deja correr un poco de aire y se van cuidando, los mitos se reblandecen y se pudren para acabar siendo una caricatura de lo que en otro tiempo fueron. La monarquía se ha convertido cada día más en una identidad ideológica de los conservadores y se ha ido alejando del consenso que logró generar hace unos años. Adiós, consenso; adiós, mito. Y sin mito, no hay nada. De repente un rey desnudo frente al país que siempre creyó suyo. Se acabó el mito y apareció la corrupción, las mentiras, y finalmente la huida de España.

«Hacíamos encuestas y perdíamos»

Hubo una entrevista que nunca se llegó a emitir. El expresidente Adolfo Suárez, gran timonel de la transición y de la Constitución del 78, estaba sentado frente a la periodista Victoria Prego mientras compartían una conversación distendida sobre su papel en la transición un par de décadas atrás. Era el año 1995 y la monarquía vivía sus mejores momentos, nadie cuestionaba a Juan Carlos I y todo eran elogios al rey bonachón y campechano. La entrevista para Antena 3 transcurría con absoluta normalidad hasta que apareció el nombre del rey. Suárez dijo que prefería no hablar sobre eso. Pero la lengua le empezó a picar y lo acabó haciendo. Las cámaras grabaron hacia abajo y el expresidente tapó su micrófono con la mano para que no captase su voz. Pero todo quedó registrado. Suárez confesaba con sus propias palabras mientras creía que no lo filmaban: «La mayor parte de los jefes de Gobierno extranjeros me pedían un referéndum sobre monarquía o república. Hacíamos encuestas y perdíamos... Entonces yo metí la palabra rey y la palabra monarquía en la ley y así dije que había sido sometido a referéndum ya». Todo quedó grabado, pero no salió a la luz hasta 2017. Ahora cualquiera puede meterse en internet para verlo.[50] La legitimidad de la monarquía que siempre se había sostenido sobre esa ficción fue desmontada por su creador, Adolfo Suárez, en apenas diez segundos.

En un abrir y cerrar de ojos los españoles pasaron de vivir en una dictadura criminal a una monarquía constitucional. Era una evolución considerablemente buena,

50. «Así confesó Adolfo Suárez por qué no hubo referéndum monarquía o república: "Hacíamos encuestas y perdíamos"», disponible en <https://www.lasexta.com/programas/sexta-columna/noticias/asi-confeso-adolfo-suarez-por-que-no-hubo-referendum-monarquia-o-republica-haciamos-encuestas-y-perdiamos_20161118582ef9fe0cf244336f09709f.html>.

pero por supuesto, durante ese proceso nadie había preguntado a los españoles más allá de ratificar cosas que ya habían sido decididas en otros lados. Las cosas importantes las decidían los señores importantes en sus despachos. No por nada, sino porque, si se les hubiese preguntado a los españoles, tal vez las cosas hubieran sido bastante diferentes. Sobre todo, en lo que respectaba al futuro de Juan Carlos y de su real familia.

Los españoles no decidieron vivir en una monarquía, se les impuso. La única decisión a la que se sometió a España fue la de seguir en una dictadura criminal o aceptar una monarquía constitucional. Evidentemente, para todos los españoles la segunda opción era infinitamente más deseable que la primera, que llevaban ya sufriendo durante décadas, pero no fue una decisión, fue la aceptación de un pack Constitución + monarquía que no era posible desunir. No por casualidad, sino porque, si se hubiese podido someter a votación, los españoles habrían respondido no a la monarquía. Y eso, insisto, no son elucubraciones de ficción histórica, es un testimonio del conductor de la transición, Adolfo Suárez.

Hoy en día ya nadie se atreve a cuestionarlo. Ni siquiera las encuestas del CIS, que en 2015 preguntaron y la corona sacó un escaso 4,34 sobre 10. Por supuesto, dejaron de preguntar. Desde entonces no han parado de aparecer casos de corrupción asociados a la monarquía, Juan Carlos I ha huido de España para refugiarse en una dictadura del golfo Pérsico y Felipe VI tan solo ha jugado a encubrirlo y diferenciarse de él, como si su cargo no fuese heredado por sangre y se pudiese distinguir la institución de la persona. A nadie le sorprende que no se quiera preguntar porque seguramente, una vez más, «hacen encuestas y pierden».

Cuando el pueblo se mueve, los poderosos huyen

> Contra España cayeron y España no ha caído.
>
> MIGUEL HERNÁNDEZ

Hay un hilo histórico de cobardía que ha unido a los Borbones a lo largo de la historia. Un hilo vergonzoso que nos recuerda la bajeza moral de los que durante siglos han intentado dominar a un pueblo que se resistía a someterse. Desde Fernando VII hasta Juan Carlos I, pasando por Isabel II y Alfonso XIII, todos los Borbones tienen algo en común: en algún momento han tenido que huir del país. Por incapacidad, por desprecio de su propio pueblo o por ser unos ladrones, pero la consecuencia era siempre la misma: abandonar España.

También es cierto que es más sencillo abandonar un país cuando no tienes ningún vínculo con él. Y ninguno de nuestros monarcas, por mucho que nos gobernasen, han sido nunca demasiado españoles. Forman parte de una dinastía francesa impuesta por la fuerza, su idioma materno en la mayoría de los casos no era el español (sin ir más lejos, Juan Carlos tuvo que aprenderlo a los diez años) y la única vinculación que han tenido con nuestro país ha sido la de ser sus dueños. Con esas raíces siempre es más fácil huir a Francia, a Italia o a Emiratos Árabes. No hay problema con huir si, mientras tanto, en tus maletas además de trajes caros y joyas reales está todo el dinero que lograste saquear mientras todavía se te toleraba como rey de un país que te era ajeno.

Fernando VII huyó cuando los franceses le humillaron. Dejó vendidos a muchos españoles que todavía veían en la monarquía una opción de futuro y una defensa de su país. No fue así y España la tuvieron que liberar los de siempre, los de abajo. No contento con eso, una vez devuelto a su trono por acción del pueblo, Fernando VII se atrevió a destrozar todos los avances que, en su ausencia, los españoles habían logrado. Derogó la Constitución de 1812 y se puso a matar liberales. Hasta que el general Riego dijo basta y vinieron tres años en los que Fernando tuvo que tragar y aceptar la Constitución. Aunque una vez más y cobardemente, antes de volver a huir de España, cosa que estuvo a punto de volver a hacer como buen Borbón, decidió que los de fuera viniesen aquí. Y así vinieron los Cien Mil Hijos de San Luis a matar españoles para que Fernando VII recuperase el poder perdido.

Lo de Isabel II no fue mucho mejor. Tras años de robar a manos llenas, tener negocios opacos y avergonzar a los españoles con su vida de lujo y empacho mientras su pueblo pasaba hambre, estalló la Revolución de la Gloriosa. Con gritos de «Viva España con honra», los españoles la obligaron a salir del país y el general Prim repitió que «Jamás, jamás, jamás volverían los Borbones a España». Pero, una vez más, volvieron tras un golpe de Estado militar.

Para cumplir con lo esperado, Alfonso XIII tan solo tenía que seguir la tradición de cobardes que le había precedido. Cogió lo peor de cada uno. De Fernando, su ánimo por la traición y de Isabel, su incompetencia. Con la incompetencia no supo gestionar las guerras en las que se metió en el norte de África y con la traición acabó apoyando a un dictador para intentar salvarse a sí mismo. Y de toda la vergüenza acumulada y con una España muy cansada no quedó otra que la venida de la Segunda República.

Y qué decir de Juan Carlos I, que tan solo fue una mala copia de todo lo que le precedió, aunando corrupción, robos, humillaciones a los españoles y, en el último momento, una cobarde huida del país.

Es curioso, pero hay un patrón que en la historia de España se ha repetido demasiadas veces. España ha progresado cuando la gente humilde ha tomado el control y ha retrocedido cuando lo han hecho sus élites. La diferencia es que el pueblo siempre actúa en una infinita soledad, mientras que sus élites lo hacen siempre apoyadas por potencias extranjeras a las que no dudan en entregar nuestro territorio, nuestra soberanía e incluso las vidas de sus habitantes con tal de lograr lo que pretenden. Lo vimos en la guerra de Independencia, cuando toda la nobleza se sometió a Napoleón; lo vimos cuando Fernando VII llamó al ejército francés de los Cien Mil Hijos de San Luis para acabar con el trienio liberal; lo vimos en la Guerra Civil, cuando Franco dejó probar sus nuevas armas y técnicas de guerra a Hitler y Mussolini. Pero también lo hemos visto después con la desindustrialización que la Unión Europea impuso a nuestro país, o las guerras extranjeras a las que mandaron a luchar a nuestros soldados por intereses de millonarios estadounidenses. Siempre que el pueblo se mueve, los poderosos huyen. Siempre que los poderosos se quedan, el pueblo sufre.

La España que queremos

Visto lo visto, hay motivos de sobra para el orgullo. Si sacamos la cabeza de las coordenadas habituales a través de las que nos suelen contar la historia, vemos que la España imperial de reyes y gestas extraordinarias queda lejos de lo que de verdad ha sido nuestro país. España eran los españoles que trabajaban sus tierras y al mismo tiempo tenían que aguantar la tiranía de reyes de origen extranjero y de oligarcas beneficiados por esos mismos reyes. Hemos visto como la historia de España siempre la han hecho los españoles y, en la mayor parte de ocasiones, la han tenido que hacer contra sus propios dirigentes. De la misma forma que no existe rey sin pueblo, pero sí pueblo sin rey, no existe historia sin pueblo, pero sí sin reyes. Y esa ha sido la historia de España, la historia de sus clases populares. Por lo tanto, el único patriotismo posible es el patriotismo popular español, aquel que recoge todas las victorias conquistadas por nuestro pueblo y que tiene memoria democrática. Sin embargo, no basta con eso. No podemos conformarnos con ese orgullo. Porque no se trata de ganar las batallas del pasado, ni de hacer la revancha del 36 ni la del 78. Se trata de ganar la batalla actual por tener una España en la que vivir no sea un suplicio, en la que su gente tenga vidas más justas y en la que los poderosos no puedan hacer y deshacer a su medida. Se trata de impulsar un patriotismo que no tenga que ver con el pasado, sino con el futuro. No se trata de ser patriota por venir de donde venimos, sino por ir hacia donde vamos.

En la primera parte del libro hemos recopilado motivos para estar orgullosos de la historia de nuestro pueblo y hemos entendido cómo el progreso de España siempre ha tenido enfrente a los poderosos. No obstante, no basta con conformarse con una historia llena de gloria popular, luchas democráticas y victorias contra las élites en el pasado que justifique nuestro amor por la patria en el presente. Hay que trabajar más allá de eso. Hay que dotar de ideas el presente para cambiar nuestro futuro. Y traer ideas nuevas cuesta más que recordar las viejas, por eso tenemos que aprender a escapar de nuestro pasado, no renunciando a él como a algunos les gustaría que hiciésemos, sino incorporándolo a nuestra memoria y aprendiendo de sus aciertos y errores para empujar algo nuevo. Toca pensar en una España mejor.

PARTE II

Una España mejor: ideas y futuro

10

España y sus símbolos

Puedes tener el mejor programa y las mejores ideas, pero si tu enemigo tiene un himno y una bandera, estás jodido. Las naciones se identifican a través de sus símbolos, que las definen de un modo preciso y estable y las sitúan en un contexto político, histórico e incluso ideológico concreto.

Una nación, lejos del esencialismo romántico que la presenta como un ente natural, no es más que una comunidad imaginada, que podría ser de una forma y la contraria al mismo tiempo, en la que lo simbólico juega un papel determinante. Los símbolos, en palabras de Javier Moreno y Xosé Manuel Núñez, sirven para «configurar y legitimar regímenes y movimientos políticos nacionalistas, dotándoles de un arsenal de imágenes fácilmente reconocibles».[51]

51. Javier Moreno Luzón y Xosé Manuel Núñez Seixas, *Los colores de la patria. Símbolos nacionales en la España contemporánea*, 2017, p. 18.

Los símbolos nunca son inocentes, sino que llevan asociadas determinadas ideas, creencias y formas de entender el país que están representando. Por eso, cuando se ha desarrollado una disputa política siempre ha ido de la mano de una disputa simbólica. Y quien tiene los símbolos, gana. De eso en España sabemos bastante.

Somos herederos de una derrota y una represión. Por eso, durante tanto tiempo, la relación con nuestro propio país ha sido tan difícil. Pero no ha sido por incapacidad, como a veces creemos, o por incompatibilidad, como a veces nos quieren hacer creer. No es que queramos tener una mala relación con nuestro país, con su historia y con sus símbolos. Como ya hemos visto, hay toda una tradición de españoles que desde el siglo XIX hasta la actualidad han sido un ejemplo y una fuente de orgullo nacional luchando por la libertad y contra la tiranía. El problema es que consiguieron arrebatarnos su memoria por la fuerza. Lograron que olvidásemos todos los ejemplos de valentía y arrojo que nos dieron los mejores hombres y mujeres de nuestra historia y que los reemplazásemos por los momentos más terribles que ha vivido nuestro país. Y por desgracia fueron tremendamente exitosos en ello. Lograron no solo arrebatarnos la memoria, sino arrebatarnos el país por completo. Impusieron sus símbolos y los llenaron de sus ideas genocidas, antiliberales y de odio. Llenaron nuestras calles con nombres de asesinos y estatuas de tiranos, asociaron la bandera a las peores ideas y a la represión más cruel, y acabaron por expulsar a los propios españoles de los símbolos nacionales pintando los barrotes de la cárcel de rojo y gualdo.

No podemos permitirnos ser el único pueblo sin bandera ni tampoco aspirar a representar un país sin símbolos. Hay una corriente de opinión que insiste en decir que los símbolos no son importantes porque no dan de comer. Según esa posición, una bandera no sería más que una pérdida de tiempo, al igual que un himno o cualquier otro símbolo. Como si simplemente fuesen elementos prescindibles para construir políticamente una alternativa a lo existente. Pero no es cierto. Las banderas, los himnos y los símbolos son importantes porque crean comunidad, explican quiénes somos, hacia dónde vamos y lo que queremos conseguir. No existe ninguna revolución que haya triunfado que se haya hecho en ausencia de símbolos.

En España, desde la revolución contra los franceses de 1808 hasta la Gloriosa de 1868, pasando por el Trienio Liberal de Riego o la lucha contra el fascismo en 1936, han tenido símbolos. Igual que los tuvo la liberación de esclavos de Haití, la Revolución francesa, la Revolución rusa o cualquier acto de conquista de libertades. Todo lo bueno tiene que poder concretarse en unos símbolos que lo resuman, que sean fáciles de identificar y que se puedan llevar con orgullo. Con un país ocurre lo mismo. Porque no basta con la racionalidad impresa en demandas muy concretas y ordenadas como en una lista de la compra. Hacen falta sentimientos y pasión que activen esas demandas, las defiendan y las hagan triunfar. La lucha por los símbolos que nos representan es política. España no será de su pueblo hasta que sus símbolos no sean, de una vez por todas, también de su pueblo.

Comer uvas en Nochevieja y el gol de Iniesta

Marineros, soldados, solteros, casados,
amantes, andantes y alguno que otro
cura despistao.
Entre gritos y pitos los españolitos,
enormes, bajitos, hacemos por una vez
algo a la vez.

MECANO, «Un año más»

Suenan los cuartos y los más impacientes empiezan a comérselas. Los más ortodoxos saben que en los cuartos se espera con calma y no se empieza el ritual hasta que suena la primera campanada. Ahí es cuando comienzas a comer, una tras otra, las doce correspondientes uvas hasta que entras en el nuevo año y fantaseas con una lista de propósitos que probablemente no cumplirás. Esta tradición se lleva repitiendo en España cada año desde finales del siglo XIX y se ha convertido en todo un verdadero fenómeno de masas.

Mecano, un grupo pop español de la década de los ochenta pero con gran impacto cultural incluso décadas más tarde, canta en su canción «Un año más» —que se reproduce hasta la saciedad durante las navidades de cada año— que comiendo uvas los españoles «hacemos por una vez algo a la vez». Y tiene bastante razón. Al mismo tiempo que la reunión del día 31 comiendo uvas al son de las campanadas puede ser una imagen entrañable de unidad y comunión de todo un pueblo en un momento especial del año, también es un gran problema para nuestro país, porque evidencia que es el único momento en el que, como canta Mecano, «hacemos algo a la vez». El problema es que no tenemos cosas que hacer a la vez nunca. No tenemos una fiesta nacional que nos emocione a todos a la vez, no tenemos una bandera que nos guste a todos a la vez y ni siquiera un himno que nos haga vibrar (ni se diga cantar) a todos a la vez. La mayoría lo tienen, nosotros no.

Un país no es simplemente un hecho jurídico. No es una constitución, un DNI y una agencia tributaria más o menos funcional. Un país son símbolos compartidos, emociones comunes y sentido de pertenencia. Sin embargo, solamente tenemos símbolos medianamente compartidos, emociones de parte y un sentido de pertenencia fracturado. Un patriota no debería conformarse con eso, pero hasta el momento parece que les ha servido. A quienes monopolizaban el patriotismo no les importaba que su defensa de España tan solo fuese de una pequeña minoría y que fuera se quedase una gran parte de los españoles descolgados de un país al que nunca se sintieron demasiado apegados. Un patriotismo estrecho que ha dejado fuera a la mayoría de su gente. La culpa es de un siglo XIX en el que se nos impidió desarrollarnos nacionalmente y de un siglo XX que, cuando lo volvimos a intentar y estábamos cerca de conseguirlo, nos encarceló en una sanguinaria dictadura. Y con el paso de los años solo nos quedaron las uvas y el gol de Iniesta.

Ese gol del minuto 116 en el Mundial de Fútbol de 2010

en Sudáfrica nos unió como pocas cosas nos habían unido hasta el momento. Las calles de nuestro país, sin excepciones geográficas ni territoriales, se inundaron de banderas de España y de un mismo sentimiento de orgullo desbocado. En aquel momento nos sentimos, incluso los menos futboleros, parte de una misma cosa, aunque fuese durante un pequeño instante en el tiempo. La alegría explotó y entonces ser español significaba que habías ganado algo importante. Y no lo habías ganado contra tu vecino, contra un rival político o contra otro español que pensase distinto a ti, sino junto a todos ellos. Todos, por primera vez, habíamos ganado.

Desde entonces ha vuelto a ser casi imposible hacer algo a la vez que no sea comer uvas. Y no se lo reprocho a nadie (excepto a los que han utilizado el nombre de nuestro país y sus símbolos para atacar a otros compatriotas), pero los españoles tenemos que volver a hacer cosas a la vez.

Tenemos que comenzar a encontrar nuevos mitos, nuevos motivos para el orgullo, para estar contentos, para celebrar lo que somos entre todos y sin dejar a la otra mitad fuera. Para eso no bastan las uvas en Nochevieja y tampoco la esperanza de que algún futbolista con poco pelo pero buena patada vuelva a meterle un gol complicado a una selección de un país del norte. Necesitamos nuevos símbolos comunes.

¿Qué hacemos con la bandera?

Banderita tú eres roja,
banderita tú eres gualda.
Llevas sangre, llevas oro
en el fondo de tu alma.

«Pasodoble de la bandera»

Una bandera por sí sola no es nada. Tan solo un trozo de tela pintado con determinados colores. Sin embargo, en nombre de las banderas se han hecho cosas terriblemente crueles y reaccionarias, aunque también increíblemente hermosas y progresistas. Una bandera no es más que un trapo con colores, pero cuando un trapo se carga de significado deja de ser simplemente un trapo y se convierte en algo mucho más poderoso: un símbolo. No debemos despreciar el poder movilizador que históricamente han tenido las banderas. Durante la Revolución francesa de 1789 apareció una orden del Comité de Salvación Pública que instaba a los ciudadanos (en contraposición a los súbditos monárquicos) a que adoptasen un distintivo para identificarse como ciudadanos libres y luchadores contra el Antiguo Régimen. Ese distintivo fue la combinación del azul, el blanco y el rojo que acabaría convirtiéndose en la bandera de Francia. ¿Alguien puede pensar en *La libertad guiando al pueblo* de Eugène Delacroix sin asociar la bandera francesa a los ideales de la revolución: libertad, igualdad y fraternidad? Los símbolos se convierten rápidamente en contenedores ideológicos que identifican no solo a las naciones, sino a las ideas que llevan asociadas. Las banderas importan. Importan mucho. Por eso es tan importante plantearnos qué hacer con nuestra bandera.

La bandera de España (roja y gualda) nació como emblema nacional durante la guerra de Independencia contra los franceses. Antes tan solo había sido una bandera militar de la marina utilizada como distintivo para buques de la armada española. Sin embargo, durante la guerra de liberación contra Napoleón, se convirtió en un símbolo de resistencia frente al invasor y se empezó a usar, de facto, como símbolo nacional. Además, fue oficializada como emblema de las Cortes de Cádiz y de la Constitución de 1812, la primera Constitución que situaba la soberanía en manos del pueblo español y no de su monarca. Al mismo tiempo, la Milicia Nacional, un cuerpo de ciudadanos liberales armados que tenía el propósito de mantener el orden público y defender el régimen constitucional frente a los absolutistas y reaccionarios, la adoptó como bandera propia. Es por eso por lo que la bandera rojigualda se convirtió rápidamente en un símbolo odiado por Fernando VII y por los Borbones. La bandera representaba a la nación, es decir, a algo que escapaba a su poder y les recordaba a las Cortes de Cádiz. Pronto Fernando volvió a recuperar el poder y lo primero que hizo fue anular la Constitución española de Cádiz, sin embargo, no pudo hacer lo mismo con la bandera. Un símbolo no se borra tan fácilmente de la memoria de los ciudadanos que la llevaron en sus brazos durante años de lucha y resistencia contra los invasores, primero napoleónicos y después borbónicos, y por eso Fernando VII tuvo que aceptar el emblema rojigualdo como bandera nacional.

Años después, la rojigualda sería también la bandera de la Primera República Española cuando los Borbones tuvieron que volver a huir y se aprobaron algunas de las leyes más avanzadas hasta la época. La República Federal Española de 1873, que prohibió la esclavitud y acabó con los señoríos feudales, se fundó sobre una bandera rojigualda en la que se bordó la palabra «libertad». Con el tiempo la bandera fue despolitizándose y dejó de estar asociada solamente a los liberales y la memoria de la lucha contra el absolutismo borbónico se fue desvaneciendo. Pronto la rojigualda pasaría a ser una bandera de un país cualquiera sin demasiadas ideas políticas asociadas a la misma.

Sin embargo, en 1931 el nuevo régimen republicano, queriéndose librar de la decadencia y la corrupción que había acumulado España durante los últimos cuarenta años de reinado borbónico, decidió hacer también un cambio no solo político, sino también simbólico. Querían empezar de nuevo y lo representaron con una franja morada en la bandera española (que algunos dicen que hace referencia a los comuneros castellanos y otros a la libertad). Aquella bandera apenas permaneció vigente de manera oficial hasta que terminó la guerra y los traidores sublevados recuperaron la rojigualda en su afán de eliminar todo lo que, fuese lo que fuese, hubiera hecho la República. Incluido cualquier cambio simbólico. Le añadieron un gran aguilucho fascistoide y, a partir de ese momento, la bandera no vino para unir ni para luchar por la libertad como había sido habitual desde su nacimiento.

Vino para destruir y para oprimir. Con ella se destrozaron familias, se fusiló a los derrotados y sirvió como símbolo de dominación de todos aquellos que perdieron la guerra.

El régimen de Franco consiguió su sueño húmedo: arrebatar España y sus símbolos a los españoles. Que la bandera y sus colores se convirtieran en símbolo exclusivo de su régimen y que este se identificase con España era una gran victoria para ellos. España y sus símbolos se habían convertido en franquistas. O, mejor dicho, habían secuestrado a España y a sus símbolos para que así lo fuera. De ese modo, el resto de los españoles fueron convertidos en apátridas; extranjeros en su propio país, incapaces incluso de identificarse con su propia bandera, que años atrás habían utilizado para luchar contra los Borbones y el Antiguo Régimen pero que ahora se les volvía en su contra.

Muerto Franco, se abrieron nuevas oportunidades y durante la transición se alumbró una pequeña posibilidad. Tras el golpe de Estado fallido del 23F de 1981 y durante el Mundial de Fútbol celebrado en España en 1982, la bandera rojigualda, a la que le acababan de quitar el aguilucho y la simbología franquista, se ondeó de manera masiva y transversal por parte de los españoles. De hecho, los únicos que la rechazaron fueron los partidos de extrema derecha, el ejército y la Guardia Civil, que preferían la bandera con el aguilucho fascista a la nueva bandera constitucional. Incluso los comunistas aceptaron la rojigualda como la bandera oficial, aunque a duras penas y con la esperanza de que, aceptándola, se les legalizara y acabase la dictadura. En realidad, nunca hubo una aceptación real. Una ruptura simbólica de cuarenta años de duración no se iba a arreglar en pocos días. Y tampoco lo iban a permitir aquellos que habían monopolizado la bandera hasta entonces y desde aquel momento no dejaron de utilizarla para las peores cosas. La sacaron para protestar contra el divorcio, para impedir el aborto, para manifestarse contra el matrimonio igualitario, para criticar la diversidad territorial y para pedir la derogación de las leyes LGTBI. Utilizaron la bandera de España, como venía siendo costumbre, contra los propios españoles. Y así conservaron su propiedad durante cuarenta años más. Una bandera cargada de las peores ideas y que el resto de los españoles veían con poca pasión y como un símbolo político de la derecha.

Sin embargo, algo cambió en 2010. La selección española ganó el Mundial de Fútbol y nuestras calles se tiñeron de los colores de nuestra bandera. Después de mucho tiempo hubo algo parecido a una bandera verdaderamente nacional que no distinguiese entre españoles. Por primera vez en mucho tiempo, un pueblo sacaba su bandera a la calle para celebrar, no para reprimir. Y eso hizo que una generación entera se diese cuenta de que teníamos una relación perversa con nuestros propios símbolos. No podía ser que la bandera de España, que por entonces estábamos ondeando tan orgullosamente, hubiese tenido que estar hasta aquel momento encerrada a cal y canto en el cuarto de los horrores del franquismo primero y de la derecha después. No podía ser que la bandera de España estuviese siempre asociada a las peores cosas. Una bandera empapada de racismo, de machismo y de homofobia. Y al final quedó una cosa desfigurada. Una bandera sucia y maltratada. Una bandera que lejos de generar unión o fraternidad, genera rechazo. Y eso debía terminar. Frente a una rojigualda sucia y maltratada, desde el progresismo se ha intentado volver a situar como alternativa la bandera republicana tricolor. No obstante, nunca ha terminado de cuajar más allá de los limitados círculos de izquierda más militante. La realidad es que hay un gran número de españoles que tal vez no estén tan politizados ni tengan un gran interés en la cuestión simbólica de la bandera pero que, sin embargo, sí defiendan posturas abiertamente progresistas en su día a día. A esos españoles no les preocupa demasiado el color de la última franja de nuestra bandera, aunque sí les interesa que con ella se hagan buenas cosas y les mosquea que sea patrimonio de una ideología conservadora. Por lo tanto, de lo que se trata no es de pelearnos por una franja de color. De lo que se trata es de limpiar una bandera que no han dejado de ensuciar durante décadas y de poder ofrecérsela, limpia de nuevo, a todos aquellos que en un futuro la quieran utilizar para reivindicar un país mejor del que formar parte de manera orgullosa y sin ir contra nadie. No le regalemos la bandera a la peor parte de España, convirtámosla, de nuevo, en la bandera de nuestro pueblo.

Cantar el himno con la boca cerrada

Durante el Mundial de Fútbol de 2018, Telepizza lanzó una campaña publicitaria en la que, haciendo de la necesidad virtud, decía que «puesto que no tenemos letra, podemos cantar el himno con la boca llena de pizza». Y es bien cierto. España es ese peculiar país del mundo en el que sus ciudadanos pueden cantar el himno con la boca cerrada y sin enseñar la lengua ni los dientes. Cantarlo con pocas ganas y sin demasiado significado, como si fuese una cosa secundaria que hacemos mientras hacemos lo verdaderamente importante. En este caso, comer pizza. En otro, pensar en lo malo que es nuestro himno.

Los himnos modernos son canciones mediante las que se identifica a un grupo social, en este caso concreto, a un grupo nacional. Surgen de la emancipación de un poder obsoleto y dan nacimiento a una nueva comunidad formada por los recién emancipados. La música que adorna los eventos nacionales deja de ser marchas militares asociadas al Antiguo Régimen y empiezan a ser cantos de un pueblo floreciente que empieza a vivir por primera vez por fuera de la dominación absolutista. El himno moderno, según Carlos Serrano, «da la palabra a los recién emancipados, a los nuevos ciudadanos en su lucha, ofreciéndoles un texto para cantar colectivamente su propia existencia y sus propios valores. [...] El himno es inseparable del proceso a través del cual el antiguo, esencialmente subordinado, conquista su identidad y se convierte en el moderno ciudadano protagonista de su propia historia, plasmada en la exaltación de una Patria que resume sus anhelos».[52]

Mientras los franceses cantan «Vamos, hijos de la pa-

52. Carlos Serrano, *El nacimiento de Carmen. Símbolos, mitos y nación*, 1999, pp. 107 y 129-130.

tria, ¡el día de gloria ha llegado!» o los italianos cantan «Hermanos de Italia, Italia ha despertado». Nosotros podemos entonar un «lolololo» o cantarlo con la boca llena de pizza. Y el problema no es que nuestro himno sea malo (o no solo). El problema es que no es un himno nacional. Es una marcha militar. Una música de cuartel que Carlos III convirtió en himno de España cuando España todavía era una posesión privada del monarca y no una nación. Un himno que es una marcha militar y que no parece que anuncie a un país grande, diverso y moderno como el nuestro, sino la entrada de la cabra de la Legión. Solamente durante el Trienio Liberal (1820-1823) y durante la Segunda República (1931-1939) se adoptó un himno verdaderamente patriótico y con letra. El «Himno de Riego» se hizo popular después de los tres años en los que los liberales se hicieron con el poder y mandaron acatar la Constitución a Fernando VII. Fue un himno cantado por liberales y antiabsolutistas que permaneció en el tiempo como himno nacional que expresaba progreso y avance y que fue prohibido por los Borbones primero y por Franco después. Sin embargo, más allá de esos dos momentos concretos, todo fue el sonido triste y oxidado de una marcha militar en la que pretenden encajar nuestra identidad nacional.

Dentro de España tenemos ejemplos maravillosos de lo que es un himno nacional que une, emociona y puede ser cantado por todos. Podemos destacar algunos como «Els segadors» de Cataluña, en el que se canta «Catalunya triomfant, tornarà a ser rica i plena», el «Himno andaluz» con letra de Blas Infante, que dice «¡Andaluces, levantaos! / ¡Pedid tierra y libertad! / ¡Sea por Andalucía libre / España y la humanidad!», o el himno no oficial de Aragón (por el momento) de José Antonio Labordeta, que canta «Habrá un día en que todos / al levantar la vista / veremos una tierra / que ponga libertad». Eso son himnos de verdad, que pueden ser cantados a todo pulmón, generan ilusión compartida y al momento de sonar ya sabes que comienza un momento de comunión con tus compatriotas. Por eso es tan importante una música que emocione. Una melodía y una letra que haga vibrar a todo un país al mismo tiempo. ¿Cómo vamos a ponernos de acuerdo en algo si no podemos cantar ni la misma canción al unísono?

Como explica Valentín Ladrero en su libro *Músicas contra el poder* (2016), la canción popular española siempre ha contado con las composiciones del pueblo mientras que los reaccionarios debían contentarse con sus canciones de cuartel, de desfiles militares y de corneta desafinada.[53] En cambio, el pueblo español, creativo y renovador, tenía entre su cancionero cientos de composiciones populares que le han ido acompañando a lo largo de la historia y sus luchas. Como vimos en la primera parte del libro, cuando el general Riego se alzó frente al absolutismo de Fernando VII y le impuso aceptar la Constitución de Cádiz de 1812, el pueblo salió a la calle cantando el «Trágala». Frente a los súbditos serviles que apoyaban a Fernando VII, el patriotismo constituciona-

53. Valentín Ladrero, *Músicas contra el poder. Canción popular y política en el siglo XX*, 2016, p. 136.

lista de los liberales compuso esta canción popular que cantaba a Fernando que tragase la Constitución española que ponía límites a sus poderes absolutos con los siguientes versos: «Tú que no quieres / lo que queremos / la ley preciosa / do está el bien nuestro. / ¡Trágala, trágala, / trágala, perro! / ¡Trágala, trágala, / trágala, perro!». O las canciones populares arregladas por García Lorca en 1931 a las que después se les añadían letras reivindicativas, como la canción de «El quinto regimiento»: «Con los cuatro batallones / Que a Madrid están defendiendo / Se va lo mejor de España / La flor más roja del pueblo / Anda jaleo, jaleo / Ya se acabó el alboroto / Y vamos, al tiroteo / Y vamos, al tiroteo». O como «En la plaza de mi pueblo»: «En la plaza de mi pueblo dijo el jornalero al amo / Nuestros hijos nacerán con el puño levantado / Pero dime compañero si estas tierras son del amo / ¿Por qué nunca lo hemos visto trabajando en el arado?».

Si algo queda claro tras este recorrido, es que a lo largo y ancho de la historia de España existen ejemplos de sobra y capacidad suficiente para tener un himno que vaya más allá de un canto adormilado que sirva de chiste para un anuncio de Telepizza. Los españoles merecemos un himno popular decente.

«Un coñazo de desfile»

El Doce de Octubre (llamado entonces Fiesta de la Raza) se celebró por primera vez en 1892 impulsado por el Gobierno conservador de Antonio Maura. A partir de ese momento, la fiesta se iría adaptando a todos los regímenes sucesivos. Hasta esa época la fiesta nacional había sido el Dos de Mayo y se conmemoraba el levantamiento popular contra la ocupación francesa en 1808, pero con el tiempo aquella patriótica fecha quedó reducida a una fiesta local madrileña. Años más tarde la Segunda República no abolió la fiesta, pero sí la reorientó hacia una celebración más laica de la comunidad cultural y lingüística de todas las naciones iberoamericanas en un intento de hermanamiento entre continentes. Poco después, durante la Guerra Civil, el Doce de Octubre fue celebrado por ambos bandos (sobre todo en busca de apoyos americanos para su causa particular) y, tras la victoria fascista, se convirtió en una celebración que exaltaba la monarquía absoluta, el catolicismo y la colonización de América, aunque Franco prefería decir que «España no colonizaba, sino que civilizaba».[54] Tras la Segunda Guerra Mundial y en un contexto más difícil para la dictadura, se llegó a discutir la supresión del Doce de Octubre como fiesta nacional, pero finalmente se optó por dejar de llamarlo Día de la Raza y pasó a ser el Día de la Hispanidad. Una vez muerto el dictador y con un Gobierno de mayoría absoluta de Felipe González (PSOE), se sancionó de forma definitiva el Doce de Octubre como fiesta nacional de España en 1987. Fue un Gobierno socialista el que puso por escrito esa fecha. Pero el día nacional ya estaba en

54. Gonzalo Álvarez Chillida, «Epígono de la Hispanidad: la españolización de la colonia de Guinea durante el primer franquismo», en Stéphane Michonneau y Xosé M. Núñez Seixas, eds., *Imaginarios y representaciones de España durante el franquismo*, 2014, pp. 103-125.

claro declive. Empezó a degenerar hasta convertirse en un acto protocolario en el que se hacía una ofrenda floral al rey y un desfile en el que la cabra de la Legión daba saltos por las calles madrileñas. El 12 de octubre entró en el siglo XX de la misma manera, sin pena ni gloria. Un día nacional en el que lo único que se hacía era «un coñazo de desfile», como se le escuchó decir a Mariano Rajoy durante el desfile de 2008 cuando pensaba que ningún micrófono lo estaba grabando.

Lejos está el Doce de Octubre de un día nacional como el del Día de la Independencia cada 4 de julio en Estados Unidos, en el que se lanzan cohetes y se celebra la lucha contra la dominación inglesa, o de la fuerza popular que inunda las calles en el Día de la Bastilla en Francia cada 14 de julio, recordando la revolución contra la monarquía absoluta y la venida de su Primera República, o incluso, por poner un ejemplo más cercano, las celebraciones festivas que hay en las naciones del interior de España como la catalana y su *Diada* del 11 de septiembre, la andaluza con su 28 de febrero en defensa del andalucismo popular, y tantas otras festividades regionales (incluso locales) que despiertan mucha más simpatía que el Doce de Octubre.

Lo cierto es que celebrar la españolidad recordando cómo el 12 de octubre de 1492 una expedición de conquistadores desembarcó en América para entregársela a unos reyes opresores que tenían muerto de hambre a su propio pueblo y contra los que durante aquellas fechas se estaban rebelando las gentes humildes de Castilla, Galicia, Valencia y Baleares es una idea pésima. Sobre todo, teniendo abundantes fechas y momentos especiales en la historia de nuestro país (en este libro hemos visto unas cuantas) con los que reivindicar un sentimiento de patriotismo extremadamente más efectivo y útil que el de la eterna pelea estéril en la que se ha convertido cada Doce de Octubre. Tal vez deberíamos darle una vuelta a la posibilidad de encontrar otra fecha que nos haga volver a vibrar a todos al mismo tiempo y que no se convierta en un simple «coñazo de desfile» en el que ver a un rey saludando al aire y una cabra paseando por Madrid.

La calle en la que vives y las estatuas que te encuentras

Joaquina se ponía de mal humor cada vez que salía de casa. No era una mujer especialmente alegre, pero no era en absoluto una malhumorada. Sin embargo, siempre que salía de su portal para ver a alguna amiga, para hacer la compra o para bajar la basura, el mal humor se le instalaba en el centro de su cabeza y le costaba un buen rato deshacerse de él. Muchas veces pensaba que debía de ser culpa suya, que debería quitarle importancia y que solo era su problema. Cuando salía con sus nietos de su casa intentaba que no se le notase, los pequeños no se lo merecían. Pero ahí seguía el maldito malestar. Enquistado, convertido en asco profundo. O más bien tristeza sin resolver. No lo sabía. Lo único que sabía, como si lo tuviese incrustado en lo más profundo de sus entrañas, es que a su padre se lo llevaron de madrugada cuando ella tenía ocho años y que mientras lo mataban gritaban «¡Viva Franco y arriba España!». Y cada vez que salía de casa tenía que leer el nombre de ese cabrón asesino porque vivía en la calle General Francisco Franco. Y peor aún, se lo tenía que callar. Lo tenía que llevar por dentro porque ese tipo ridículo de voz aflautada todavía gobernaba (y mataba). Cuando el traidor murió y vino la democracia, e incluso ganaron los socialistas, parecía que todo iba a cambiar, pero su calle se seguía llamando igual. Todavía a fecha de hoy hay 88 calles en España que siguen llevando el nombre del dictador. Joaquina no era revanchista ni quería remover el pasado. Solamente quería poder vivir en paz y esa maldita placa no le dejaba.

El espacio público nunca ha sido inocente. Lo sabían los que en el siglo XIX hicieron los ensanches burgueses en las grandes ciudades para que los obreros no pudiesen atrincherarse en sus barrios estrechos con callejuelas durante las huelgas y también lo sabían los que, una vez ganada la guerra, llenaron las calles de España de sus nombres y de sus símbolos para que a nadie se le olvidase quiénes eran los nuevos dueños del país. Durante cuarenta años España estuvo sometida a ese recordatorio constante de quién había ganado y quién había perdido. Generaciones enteras de españoles que nacieron naturalizando el poder de los golpistas y asumiendo su puesto en la sociedad gracias a la presencia de nombres, estatuas y símbolos repartidos por doquier por todo el país. El problema es que cuando vino la democracia y acabó la dictadura esos símbolos no se acabaran con ella. A principios de la década de 2020, más de cuarenta años después de la muerte del dictador, todavía hay más de 1.150 calles, avenidas y plazas con nombres franquistas. De ellas, 88 calles están dedicadas directamente a Franco. Pero en 2001 había 679. Algo completamente impensable en cualquier país europeo que, sin embargo, tenemos que seguir aguantando en España en pleno siglo XXI.

Todavía hay una importante corriente de opinión que defiende que se dejen las calles tal y como están argumentando que no es una cuestión política, sino una cuestión histórica. Franco forma parte de nuestro callejero porque forma parte —indudablemente— de nuestro pasado igual que los Reyes Católicos, Colón o Fernando VII, y por lo tanto no deberíamos retirar del espacio público ni los símbolos de unos ni de otros puesto que todos son historia de España. El problema de este argumento es que tiene una visión muy sesgada de lo que es la historia de España, que es reducida, una vez más, a la historia de sus élites dejando de lado a su pueblo. De esta manera contrasta la proliferación de monumentos de reyes antiguos, conquistadores esclavistas y militares golpistas con las pocas que vemos, por ejemplo, de los líderes de las revueltas comuneras de Castilla, de las mujeres liberales represaliadas por el absolutismo o de los españoles valientes que ayudaron a liberar París del nazismo. No es que los homenajes aparezcan de manera justa y ponderada para rememorar un pasado que está ahí y que no podemos borrar. Es que hay muchos pasados posibles que homenajear. Y ahí es donde hay que decidir qué pasado queremos homenajear nosotros, el elitista y represor o el popular y libertador. La decisión de algunos sería privilegiar el pasado que honra la memoria de las élites y olvida la de su pueblo. Frente a eso hace falta una España sembrada de estatuas que homenajeen a los valientes que lucharon por la libertad de nuestro país y que dieron más a España que un simple mito lejano sostenido por un nacionalismo vacío. Calles con el nombre de valientes que trajeron la democracia a nuestro país, que combatieron el absolutismo, el fascismo, que nunca les faltó coraje para posicionarse al lado de los débiles y contra los poderosos. Hace falta recordar con la memoria, pero también con el espacio y con la vista. Que nuestro día a día pueda ser el del caminar por una calle Manuel Azaña y jamás General Franco. El de festejar en la plaza del Catorce de Abril y jamás la del Dieciocho de Julio. Que no haya estatuas de esclavistas, sino de libertadores. Que no se celebre la muerte, sino la vida. Tenemos muchas calles posibles, no malgastemos las calles de nuestro país escribiendo en sus paredes los nombres de los mayores traidores a nuestra patria.

Símbolos de orgullo

Algunos se empeñan en demostrar el orgullo a golpes. Orgullo por haber ganado una guerra. Orgullo por haber conquistado un territorio. Orgullo por haber sometido a alguien. Orgullo de haber acumulado mucho dinero. Pero el orgullo a golpes es un orgullo frágil, un orgullo que dura lo que dura el ruido, pero que luego se desvanece. Es un orgullo ruidoso que solo se mantiene a base de todavía más golpes.

Por fortuna existe un orgullo silencioso, menos estridente, pero, al mismo tiempo, más determinante e importante para la vida de todos. Ese orgullo tiene que ver con lo que se ha construido en común y con sentirse parte de algo que va más allá de uno mismo. De saberse parte de un país que, por ejemplo, es el primero del mundo en donación y trasplante de órganos. Una acción totalmente desinteresada y gestionada por una sanidad pública que no te pide la tarjeta de crédito antes de atenderte. De un sector público que no te hace enseñar la cartilla para mandarte una ambulancia a casa, para comprarte algo de insulina o para operarte de lo que necesites. Es un orgullo silencioso porque estamos acostumbrados a él, pero basta echar un vistazo a otros países para entender que es un privilegio que tenemos que cuidar. Igual que una educación pública que no segregue por condición económica llena de profesionales que se dejan la salud todos los días para que los niños de nuestro país, sin importar de dónde vengan, puedan aprender y mejorar. Un orgullo que tiene que ver con el amor a nuestra tierra y la lucha por su conservación frente a intereses depredadores que quieren destruir el país a cambio de una recompensa económica. Orgullo de toda la gente que ha salido a la calle a decir no a la guerra, que se manifiesta cada vez que hay un asesinato machista u homófobo y que no está dispuesta a que el cambio climático acabe con nuestra tierra, desertice nuestros campos y convierta a España en un erial. Hay cientos de motivos para ese orgullo silencioso.

Por supuesto, todo esto no significa que nuestro orgullo tenga que estar única y exclusivamente vinculado a efectos materiales directamente beneficiosos para la población. Claro está que sobre ello deberíamos proyectar un orgullo inmenso, sin embargo, el apego a un país nunca es completamente racional. Igual que el amor por tu pareja o por tu familia, hay sentimientos que no caben en tablas de Excel y no por ello son peores, ni más peligrosos ni más rechazables. Son, de hecho, los que nos hacen humanos. Por lo tanto, es normal sentir adhesión a una patria independientemente de sus servicios públicos, de su historia y de la significación de sus símbolos. No necesariamente todo orgullo nacional debe ir asociado a ello. Jamás deberíamos reprender a alguien que quiera sentirse español simplemente por el hecho de serlo. Ni tampoco deberíamos ser los más pesados del barrio hablando de hospitales y escuelas cada vez que queramos hablar de España. Lograr reconquistar lo que nos robaron también implica que no siempre le tengamos que poner apellidos a nuestro país. Que no siempre tengamos que decir «Viva España progresista», «Viva España con honra» o «Viva España democrática». Y que entendamos que nosotros también podemos decir «Viva España» a secas. Nuestra victoria, que es la victoria de la gente normal, habrá llegado cuando al decir «Viva España», sin necesidad de complementar con apellidos ni adjetivos, se entienda que en ello va implícita la defensa de todas las cosas que suponen ese orgullo silencioso.

11

El sur existe

Benditos los hispanos

Pero aquí abajo abajo
cerca de las raíces
es donde la memoria
ningún recuerdo omite
y hay quienes se desmueren
y hay quienes se desviven
y así entre todos logran
lo que era un imposible
que todo el mundo sepa
que el Sur también existe.

MARIO BENEDETTI,
El Sur también existe (1986)

Si hay algo que detesto de nuestra relación con Europa es ese sentimiento de inferioridad crónica que nos atraviesa a todos los españoles. Estamos profundamente acomplejados por lo que somos y sistemáticamente creemos que en «el norte» todo lo hacen mejor. Es como una especie de chovinismo inverso por el cual nos despreciamos a nosotros mismos mientras alabamos lo de fuera. Aunque tampoco es algo nuevo, ya que desde el siglo XIX hubo muchos que consideraron a España su castigo y a Europa su salvación. Sin embargo, se podría decir que más bien la historia había sido al revés y Europa fue nuestro castigo. Recordemos la invasión de 1808 de Napoleón para someter a España al Imperio francés; la de 1823 de los Cien Mil Hijos de San Luis para restablecer el absolutismo en España, y la de 1936 con alemanes e italianos a la cabeza para acabar con la República y aupar a Franco al poder, mientras el resto de las potencias europeas miraban hacia otro lado. Sin embargo, lejos de resentirse, esta línea de pensamiento volvió a prosperar cuando salimos de la dictadura y entramos en la Unión Europea. Por fin íbamos a ser salvados de nosotros mismos. Por fin gente sensata y norteña iba a decirnos qué hacer con nuestra vida de sureños aficionados a la bebida, a las siestas y a la gresca intempestiva. Los españoles siempre hemos tenido de nosotros mismos una imagen de perfectos ejecutores de la diversión, la guasa y el escaqueo laboral. De hecho, hay una curiosa anécdota antigua que cuenta que Julio César, durante la temporada que le tocó vivir en la provincia romana de Hispania, decía «Beati hispani, quibus vivere bibere est» (Benditos los hispanos, para quienes vivir es beber). Julio César bromeaba de esta manera porque los hispanos de esa época pronunciaban la «v» y la «b» igual y era indistinguible el vivir (*vivire*) del beber (*bibere*).

Desde entonces conservamos esa fama de juerguistas y casquivanos, no solo de puertas para afuera, sino que nos la acabamos creyendo e identificando como el origen de todos nuestros males. Pero por suerte todo iba a cambiar cuando el norte llegase y nos convirtiese a su laica religión de soldados del reloj, de la seriedad y del trabajo duro y austero.

Pues bien. Europa llegó. O nosotros llegamos a ella. Y con toda seguridad nos aportó muchas cosas buenas, al igual que nosotros a ella. Pero de ninguna manera fuimos salvados de nosotros mismos ni tampoco se nos ofreció la guía definitiva para dejar de ser un país sumido en ese caos del que supuestamente Europa nos iba a sacar. Sin embargo, sí nos dieron otro tipo de guía. Una guía para ser españoles dentro de Europa. Y esa guía, lejos de salvarnos o solucionar nuestros viejos problemas, solo nos generó otros nuevos.

Europa era un sueño que se convirtió en pesadilla. Vino la desindustrialización, recomendada por Europa. Vino la privatización de nuestras empresas públicas, recomendada por Europa. Vino la anteposición del pago de la deuda a los socios europeos antes que a los servicios públicos nacionales, recomendada por Europa. Y entonces España pasó a ser, casi exclusivamente, un espacio de descanso para europeos que, cansados de sus largas y productivas jornadas de trabajo, venían al gran resort español a consumir refrigerios baratos mientras disfrutaban de nuestras alargadas costas bañadas en un sol que desde el frío norte jamás habrían siquiera imaginado. Una España sin industria, sin empresas públicas, pero con mucho turismo. Producían en el norte y los españoles los entreteníamos desde el sur. Mientras tanto nosotros, lejos de sentir que por fin nos habíamos incorporado a esa Europa investida de modernidad y buen hacer, conservamos todos los complejos y ese terrible sentimiento de inferioridad que nos invadía cada vez que nos mirábamos en el espejo de nuestros compatriotas europeos. Que si España está atrasada, que si no sabemos trabajar como los europeos, que si nos falta disciplina, que si somos más vagos, que si hacemos las cosas peor, que si nuestra democracia es más débil, que si votamos mal. Y así nos íbamos hundiendo cada vez más en nuestra miseria comparativa. Siempre seríamos peores que esos europeos bien ordenados y perfumados que nos miraban con aires paternalistas desde ese norte idealizado por el sur.

Y no podría haber menos motivos para estar así de acomplejados. Porque la gran mayoría se sostienen en el aire y no tienen más apoyo que tópicos cuñados y profecías autocumplidas. Por ejemplo, no es cierto que los españoles trabajemos menos que los europeos. De hecho, trabajamos más. En concreto 350 horas anuales más que los alemanes. Y al mismo tiempo nos ponemos menos rojos que ellos cuando abarrotan nuestras playas. Eso sí, ellos son más productivos y cobran mejores salarios. Y eso no es cuestión de carácter, validez o decisión consciente. Es cuestión de que mientras nosotros les ponemos las cañas para que se transformen en cangrejos parlantes bajo el sol peninsular, ellos se dedican a concentrar toda la industria productiva europea en su territorio. Tampoco es cierto que nos falte disciplina. De hecho, cuando se trata de acudir a vacunarse, España es de los primeros países del mundo en lograr los objetivos. Tampoco es cierto que nuestra democracia sea más débil. Es más, mientras en países como Francia estaban votando en masa a partidos racistas como el de la señora Le Pen o en Holanda a los racistas de Geert Wilders, en España teníamos el 15M, movimientos en contra de la guerra y una integración envidiable de toda la inmigración que en Europa ni imaginan. No es cierto que nuestra sociedad sea peor. Somos la más abierta, la más tolerante, la más diversa y la más solidaria. No por casualidad España tiene el récord mundial en donaciones de órganos, uno de los mayores apoyos a la comunidad LGTBI y uno de los movimientos feministas más fuertes del mundo.

España tiene grandes problemas y es cierto que Europa puede ofrecer grandes soluciones. Es más, no creo que la actitud infantil de renunciar a Europa y optar por dejar de colaborar con otros países fuese a ser en absoluto beneficiosa para nosotros. Y mucho menos en un contexto de globalización en el que sería imposible enfrentarse en soledad a entramados empresariales transnacionales poderosísimos. Sin embargo, de ninguna manera deberíamos acostumbrarnos jamás a que los españoles sigamos autoboicoteándonos y situándonos por debajo de muchos países que, lejos de darnos lecciones, tienen mucho que aprender de nosotros. Hay motivos de sobra para estar orgullosos de nuestra forma de ser, de nuestra forma de ver el mundo y de afrontar la vida, y muy pocos motivos para seguir machacándonos a nosotros mismos con comparaciones que son más humo que realidad. Tal vez para los españoles sea lo mismo vivir que beber y por eso seamos unos «benditos hispanos» a los que desde el norte miran con una envidiosa condescendencia.

It's very difficult todo esto

> *Oyendo hablar a un hombre, fácil es*
> *saber dónde vio la luz del sol:*
> *si alaba Inglaterra, será inglés;*
> *si os habla mal de Prusia, es un francés,*
> *y si habla mal de España... es español.*
>
> JOAQUÍN BARTRINA

Viajar fuera de España es como una terapia de shock para el que no siente demasiado apego por su país. Y no me sorprende en absoluto. Quien va a trabajar por cuatro duros a Londres, tras el quinto plato de salchichas con judías y pescado con patatas fritas o tras el repelús de entrar en un baño con suelo enmoquetado empieza a pensar que tal vez su país, donde se come bien, hay persianas y la gente es hospitalaria, no está tan mal. Al final te das cuenta de que no hay que cruzar una frontera para que comience lo bueno. Tan solo nos cuesta valorarlo. Nos pasa lo mismo con nuestros idiomas nacionales.

Durante una cumbre presupuestaria celebrada en Bruselas, el por aquel entonces presidente de España, Mariano Rajoy, respondió a una pregunta del primer ministro del Reino Unido diciéndole «*It's very difficult* todo eso». Fue un cachondeo nacional. Todos nos reímos de Mariano y de su total incapacidad para el inglés. Pero detrás de todo ese choteo popular se escondía un profundo complejo. En España tenemos el extraño hábito de criticar duramente a nuestros presidentes que no han sabido hablar inglés y de alabar a cualquier político que demuestre conocimientos básicos de ese idioma como para poder responder a una entrevista extranjera. Y en el fondo no hay mayor signo de sometimiento al imperialismo cultural anglosajón, aderezado además con altas dosis de clasismo. En primer lugar, imperialismo cultural porque siempre somos los países del sur los que tenemos que adaptarnos a los de norte aprendiendo sus idiomas y costumbres mientras ellos, cuando vienen, no saben ni pronunciar las palabras «paella» o «sangría», que es de lo poco que se dignan a decir en otro idioma que no sea el suyo. Y, en segundo lugar, clasismo porque es evidente que nadie aprende tan bien inglés en España como los hijos de las clases más pudientes, que pueden permitirse mandar a estudiar al extranjero durante años a sus hijos para que vuelvan con un acento y un dominio del idioma casi nativo. La mayoría de los españoles no lo puede hacer. Como mucho reciben una enseñanza básica del inglés en las escuelas públicas con poca o ninguna práctica real.

Además, hay una perversa orientación de los planes de estudios públicos hacia la consolidación de ese complejo. Durante los últimos años muchos colegios públicos españoles amanecieron, de la noche a la mañana y sin apenas la preparación necesaria, adornados con coloridos carteles en los que se podía leer «colegio bilingüe». Profesores forzados a dar clase en un idioma que no controlan, bajando el nivel lectivo, y alumnos obligados a estudiar la célula procariota en una clase de biología en inglés porque a algún iluminado del Ministerio de Educación se le ocurrió que, estudiando de esa manera forzada e irreal, los niños españoles estarían más y mejor preparados para servir las copas a los turistas cuando vengan a nuestro país a emborracharse. No solo aceptamos con resignación que nuestro país se convierta en el casino más grande de Europa, sino que además les ponemos todas las facilidades del mundo para que, cuando vengan, ni siquiera tengan que cambiar de idioma porque el Gobierno ya se ha encargado de modificar los planes de estudio para que los niños españoles hayan aprendido a servir bien a nuestros amos europeos. Mientras tanto, las lenguas españolas son olvidadas. Se premia más en un presidente de España saber hablar inglés que saber hablar cualquiera de las preciosas lenguas españolas cooficiales que tenemos en nuestro país. Un país decente, con un poco más de autoestima, debería preferir a un presidente del Gobierno que sepa hablar castellano, catalán, gallego o euskera antes que el inglés (que, por supuesto, también es positivo que se sepa). Pero, por el momento, seguimos sufriendo un complejo terrible. *It's very difficult* todo esto.

Solidaridad entre los jodidos

> Estamos bajo la influencia del norte de Europa, y ese maldito Norte nos impone los grises que toma de su ahumado cielo.
>
> BENITO PÉREZ GALDÓS,
> *Fortunata y Jacinta*

Un diario conservador británico publicó una viñeta satírica en uno de los momentos más duros de la crisis de 2008. En ella aparecían cuatro cerdos glotones mirando hacia arriba con cara de hambre mientras se preguntaban por qué había dejado de llover comida. Esos cerdos éramos nosotros. Los PIGS (Portugal, Italia, Grecia y España) era la forma despectiva con la que las boyantes economías del norte nos caricaturizaban como alimañas zamponas, malgastadoras e irresponsables que habían vivido por encima de sus posibilidades. La globalización llegó, nos dio la bienvenida, nos presentó las bondades de su modelo y acto seguido nos devoró para después echarnos la culpa de nuestras propias desgracias. Los gobiernos de los PIGS habían vendido su industria a precio de caramelo, se habían hipotecado hasta las cejas con fondos extranjeros y modelos de negocio presuntamente exitosos avalados por las serias economías del norte y, cuando llegaron las horas bajas, se habían quedado sin nada. Quienes todavía tenían algo cogieron las maletas y volaron lejos, pero, como siempre, fue la gente común la que tuvo que quedarse a asumir las consecuencias. Y en esos momentos, cuando estás jodido, lo único que te queda es la «solidaridad entre los jodidos» de la que habla Leonardo Padura en su libro *El hombre que amaba a los perros*.[55]

En soledad somos débiles y estamos a merced de las grandes economías del norte. Por eso cuando una alternativa patriótica que renegaba de la austeridad, los recortes y las privatizaciones ganó las elecciones en 2015 en Grecia, tuvo tan poco margen de acción. Rápidamente los grandes poderes de Europa se plantaron y dieron un ultimátum al país heleno: o aceptas nuestras condiciones, pagas la deuda y sus intereses desorbitados y asumes que la dirección económica del país la decidimos desde arriba, o te expulsamos del club europeo y pruebas suerte por tu cuenta. A Grecia no le quedó otra que ceder. Era la decimosexta economía de la Unión Europea, era absolutamente dependiente de ayuda externa y no tenía ni un solo aliado fuera de su país. La G de los PIGS se quedó sola y su estrategia fracasó. Sin embargo, cuánto habrían cambiado las cosas si en lugar de tener un Gobierno servil a los intereses de la ortodoxia europea, España, Italia y Portugal también se hubiesen posicionado contra la austeridad y hubiesen dado una alternativa al callejón sin salida en el que encerraron a Grecia. Aquella etapa fue superada y, por fortuna, hubo una reordenación de la doctrina económica que debía seguir Europa y, con el tiempo, Alemania recapacitó y abandonó la senda de la austeridad y los recortes para apostar por un modelo más expansivo y de inversión desde lo público, que es como, desde el crac de 1929, se ha

55. Leonardo Padura, *El hombre que amaba a los perros*, 2009.

salido de todas las crisis importantes. Sin embargo, todavía quedan muchos retos por delante y no podemos volver a permitir asumirlos en soledad.

A pesar de una cierta reconducción social de la crisis de la COVID-19 a nivel europeo, hay muchas cosas que siguen sin funcionar como deberían. Y es en esas cuestiones donde los países del sur tienen que practicar la solidaridad de los jodidos y plantear un frente unido que reclame una modernización del modelo productivo que no los relegue a tener una economía disfuncional basada en el turismo y el ladrillo, una reindustrialización que tenga en cuenta a los países del sur para impulsar toda la nueva economía verde que ha de desarrollarse en las próximas décadas, y una unión fiscal que iguale los impuestos de diferentes países europeos para que no actúen como paraísos fiscales en los que hoy en día los ricos esconden 7 billones de euros y que le cuestan a cada español más de 2.000 euros al año. Frente a los retos del futuro y los cambios necesarios que debe haber en Europa no nos podemos permitir estar solos, debemos ejercer la solidaridad de los jodidos.

No nos vamos, nos echan

La crisis de 2008 golpeó fuerte en España. Una alianza entre entidades bancarias depredadoras, políticos incompetentes, millonarios especuladores y una escasa regulación económica hicieron que todo estallase. Habían sustituido la economía española por la cultura del pelotazo, la burbuja inmobiliaria y la especulación más improductiva y ociosa. Y eso nos había salido muy caro como país. Unos pocos se enriquecieron asquerosamente mientras la inmensa mayoría de los españoles asistían patidifusos al naufragio de su nivel de vida, sus expectativas de futuro y, en general, de su país. Y entonces nos reprocharon: «habéis vivido por encima de vuestras posibilidades y ahora toca pagar por ello». Pero no. No es que los españoles hubiésemos vivido por encima de nuestras posibilidades, es que la élite empresarial y política de nuestro país había jugado con nuestras vidas por encima de sus posibilidades. Nos mangonearon como quien juega a la ruleta con el dinero del otro para luego culparlo por haberlo perdido. En todo caso vivía por encima de sus posibilidades quien se compraba la quinta mansión y el segundo yate, no quien se pagaba una televisión nueva y un coche para ir al trabajo. Nos habían engañado por encima de nuestras posibilidades. Pero no iba a quedar ahí la cosa.

Casualmente, en aquel contexto de desesperación, crisis económica y aumento del paro, empezaron a aparecer artículos en los medios de comunicación en los que se explicaba lo viajeros que nos habíamos vuelto los españoles de la noche a la mañana. De repente había un montón de personas que habían decidido irse a vivir a otros países. Leyendo aquellos artículos parecía que a los españoles nos había picado la fiebre del viajero y queríamos empezar a ver mundo, conocer otros lugares y salir de nuestra zona de confort. Pero la realidad era muy distinta. No es que nos hubiésemos convertido en intrépidos viajeros sedientos de nuevas aventuras a lo largo y ancho del globo abandonando nuestras familias, nuestros amigos, nuestras casas y nuestros pueblos para ir a países en los que no teníamos nada ni nadie y en los que ni siquiera conocíamos bien el idioma. No nos estábamos yendo por gusto, nos estábamos yendo por necesidad. No era amor por el viaje y las aventuras, era falta de oportunidades en nuestro país. No nos íbamos, nos echaban.

En 2009 había 1,47 millones de españoles viviendo fuera de España. En tan solo una década esa cifra ha llegado a los 2,5 millones de españoles que ya viven lejos de donde nacieron y crecieron. Y cada vez que el Instituto Nacional de Estadística hace una nueva recopilación de datos esta dramática cifra no hace más que aumentar. Se ha convertido en algo estructural. España ha dejado de ofrecer futuro y, por lo tanto, la gente se va a buscarlo a otro lado. Y no es de extrañar que esto ocurra. España se ha convertido en un gran bar-casino hecho a medida para el turismo internacional. En 1995 la industria generaba en torno al 21 por ciento de la producción total del país. Hoy en día apenas llega al 16 por ciento mientras que el sector servicios supone ya el 75 por ciento de nuestra actividad económica. Por cada fábrica que desaparece surgen diez mil chiringuitos en la playa. Hemos sustituido producción nacional por el servicio al turista. Y muchos autodenominados patriotas ni siquiera han abierto la boca para protestar por ello. Han visto cómo en cuestión de treinta años se desmantelaba toda la industria importante en nuestro país y se iba sustituyendo por trabajos de poco valor añadido, mal pagados y que nos subyugaban a las temporadas de turismo. ¿Acaso no tenemos talento suficiente para ser un país que apueste por una industrialización verde prometedora? ¿No podríamos ser pioneros en construir grandes plantas energéticas verdes en nuestro territorio rico en sol? ¿No podríamos empezar a plantearnos que nuestra juventud formada sirve para algo más que para servir cañas a guiris alcoholizados? Esto no quiere decir que tengamos que adoptar una actitud de rechazo hacia el turismo y sus derivados. Está bien que tanta gente desee venir a España a pasar sus vacaciones y a disfrutar de nuestro país. Pero de ninguna manera podemos basar nuestro futuro únicamente en eso.

Al mismo tiempo que esto ocurre hay empresarios que se llevan las manos a la cabeza diciendo: «¡Nadie quiere trabajar en nuestros bares!». Y mientras tanto exigen jornadas de doce horas diarias, pagadas en negro y a cuatro euros la hora. Las administraciones públicas lamentan: «¡No tenemos suficientes médicos para la atención primaria!». Y mientras tanto siguen recortando en sanidad pública, saturando a sus médicos con más de sesenta pacientes diarios y con una infrafinanciación irresponsable. Los medios se preocupan y dicen: «¡No tenemos suficiente I+D+i en España!». Y mientras tanto se reduce el presupuesto dedicado a investigación, se cierran plazas de universidad por falta de financiación y todo nuestro talento joven se va fuera de España ante la alternativa del paro o servir cañas por salarios de miseria. No es que no haya gente dispuesta a trabajar y quedarse. De hecho, la inmensa mayoría lo prefiere. Prefiere quedarse en casa, trabajar cerca de la familia y no tener que salir fuera del país e irse lejos. Lo que no hay son condiciones dignas.

Lo que no hay son oportunidades decentes. Lo que no hay es un patriotismo verdadero que ponga por delante el interés de la mayoría frente al egoísmo de una minoría a la que le va muy bien con las cosas tal y como están. Y sin eso lo que ocurre es que se empuja al extranjero a todas esas personas.

Además, es un negocio pésimo como país. Nosotros los formamos, nosotros los expulsamos. Financiamos la educación de nuestros jóvenes con un inmenso esfuerzo colectivo a través de los impuestos y luego los mandamos al extranjero porque no tenemos capacidad de absorberlos. ¿Qué clase de país somos si todo el talento que creamos lo echamos por la borda y lo regalamos a otros países? ¿Seremos siempre los que servimos cañas a quienes vienen del norte con la cartera llena gracias al trabajo de los que nosotros expulsamos previamente? Los españoles no se han vuelto viajeros ni les ha entrado un inesperado apetito de experiencias exóticas. Los españoles quieren poder vivir decentemente y, si puede ser, en su casa. Ofrezcamos oportunidades aquí y ahora. Hay mucho trabajo que hacer, aunque eso implique desbaratar los negocios parásitos de aquellos que han preferido convertir a España en un resort para turistas norteños.

12

APUNTAR HACIA ARRIBA

Es fácil errar el disparo cuando los verdaderos culpables nunca están a tiro. Y eso los poderosos lo saben perfectamente. Si nadie los conoce, nadie los puede culpar de nada. Es más, son tan etéreos y fantasmagóricos que para referirnos a ellos siempre tenemos que recurrir a conceptos como «los poderosos», «la casta», «la oligarquía», etc. Se desdibujan y se esconden, y así consiguen pasar desapercibidos de una furia popular que inevitablemente existe y que al final se acaba dirigiendo hacia los más débiles. Mientras estamos ocupados peleando con el vecino, criminalizando al inmigrante o criticando ayudas públicas a los más vulnerables, nos miran desde arriba frotándose las manos y continúan moviendo los hilos que de verdad influyen en nuestras vidas. Es muy fácil que tu frustración acabe escapando por cualquier rendija cuando no tienes contra quién dirigirla. El problema es que esas rendijas siempre suelen estar orientadas hacia los más débiles. Contra los pobres, contra los inmigrantes, contra los que están un poco peor que nosotros. Y esa frustración se convierte en el abono del que se alimenta el fascismo más carroñero. Del odio entre los de abajo. De la frustración cronificada del que, estando harto de todo, no sabe a quién echar la culpa de sus problemas y acaba señalando a quien todavía está más jodido.

Nunca es culpa de nadie. Unos dicen que «así es la vida», que «la economía es difícil», que «te despiden pero que ya sabes que todos tenemos problemas», que «no es el mejor momento», que «a ver si se arreglan las cosas». Y lo que faltan son respuestas. Sobre todo, direcciones donde depositar esa rabia. Y mientras tanto la extrema derecha ofrece respuestas. Te dicen que es culpa del que tiene un color de piel diferente, de las feministas, de los pobres y de una izquierda globalista. Pero se quedan callados y nunca muerden la mano que les da de comer. La mano de los de arriba. Frente a la falta de dirección, la ausencia de brújulas que apunten hacia el norte, tenemos que decirlo muy claro: hay que apuntar hacia arriba.

«Estoy hasta los cojones de todos nosotros»

Todos los españoles tenemos mucho en común con Estanislao Figueras, el primer presidente de la Primera República española de 1873, cuando en medio de la enésima reunión de políticos incapaces de llegar a ningún acuerdo, y tras mucha bronca pero ninguna conclusión, se levantó de la mesa y dijo las palabras más representativas que ha pronunciado ningún político español en toda nuestra historia: «Señores, voy a serles franco: estoy hasta los cojones de todos nosotros». Al día siguiente Figueras cogió un tren y se fue a Francia sin ni siquiera presentar su dimisión.

Hoy en día todos somos un poco Estanislao. Estamos hasta los cojones de todos ellos. Hasta los cojones de los políticos, de sus peleas tontas, de sus mentiras constantes, de sus promesas incumplidas y de su insistente sobreactuación. De hecho, en la inmensa mayoría de las encuestas demoscópicas la política y los políticos aparecen como uno de los principales problemas del país para los españoles. Ha cundido una sensación de descrédito y hartazgo sobre la política que nos hace verla como algo que tan solo se dedica al ruido, la crispación y que no resuelve nada. Es más, es vista como algo que solo genera problemas en lugar de aportar soluciones.

Sin embargo, este tipo de afirmaciones, a pesar de ser completamente comprensibles, son altamente peligrosas. Porque le hacen pensar a uno que sería mejor que no existiesen políticos. Que viviríamos mejor, se callaría el ruido y todos viviríamos en armonía. Sin embargo, el verdadero problema es que cuando calla la política solo habla el dinero. Se impone no aquel que tiene más votos, sino el que tiene más dinero y que, por lo tanto, acumula más poder. Por el momento, la política, la democracia y el voto son las mejores armas de aquellos que no tienen otro poder que el de decidir a quién vota en las elecciones. A los poderosos les dan igual las elecciones. Tienen muchas formas de incidir en el desarrollo de los acontecimientos públicos. Tienen mil herramientas legales e ilegales para presionar y que se cumpla su voluntad sin necesidad de meterse en política y mucho menos de introducir un voto en una urna. Pero la inmensa mayoría no. La inmensa mayoría solo tiene su voto, su voz y su poder de asociación.

La política actual merece todos y cada uno de los golpes en la mesa que, como hizo Estanislao en el siglo XIX, le queramos dar. Pero siempre con la vista puesta en no precipitarnos por el sendero de la antipolítica, que está abonado de soluciones extremistas y totalitarias que solamente llevan al imperio del dinero de los poderosos. Cada cierto tiempo emerge, movido por aquellos que necesitan excusas rápidas para no señalar a los verdaderos culpables, el mito de que todos los problemas económicos de España se solucionarían eliminando cargos políticos, bajando sueldos y recortando en gasto institucional. Y aunque si bien es cierto que en momentos de angustia a nadie le parece bien que un cargo político cobre demasiado dinero, en comparación, ese es el último de nuestros problemas. Sin embargo, no es en absoluto una casualidad que hablemos tanto de ese asunto. Porque si nos hacen hablar sobre eso, no hablamos sobre otras cosas. Cosas donde de verdad sí se mueve dinero y donde sí deberíamos estar interviniendo.

Pongamos un ejemplo. El presupuesto del Congreso de los Diputados para 2021 fue de 97 millones de euros. Para que nos hagamos una idea, Mercadona factura 23.343 millones de euros al año. Es decir, con tan solo el 0,4 por ciento, lo equivalente a un solo día y medio de facturación, de todo lo que gana una gran empresa (de todas las que hay) como Mercadona ya se podría pagar ese «gasto político inmenso» del que algunos no dejan de hablar y que realmente no es otra cosa que el órgano legislativo de nuestro país (y todos los servicios técnicos, jurídicos, de limpieza, de comida y de transporte asociados a él). El dinero, por mucho que se diga, no está en la política. El dinero está en las grandes empresas. Los que de verdad manejan billetes y poder ya se preocupan de que no se hable de ellos. Mejor que se hable de lo mucho que gastan los políticos y mejor que nos peleemos por las migajas mientras ellos siguen gozando de beneficios estratosféricos que nunca nadie va a cuestionar.

Claro que no todos los políticos son iguales. Pero todos se ven arrastrados por las mismas dinámicas perversas. La política cada vez se olvida más del presente y del futuro para enfocarse solo en lo efímero. Se olvida del día a día, pero también se olvida del futuro, del largo plazo y de lo que será el país dentro de cincuenta años. Y, sin embargo, vive obsesionada con una inmediatez ficticia que caduca a los cinco minutos y que se renueva a golpe de tuit. Una ráfaga ingestionable de novedades y alertas que se desvanecen en el aire en un instante pero que, sin embargo, condicionan toda la atención de nuestros políticos. Es una sensación de velocidad insana que, al mismo tiempo, no nos lleva a ninguna parte. Somos como una especie de ratoncillos de laboratorio corriendo en nuestra rueda a una velocidad infernal que nos mantiene estáticos y sin avanzar, pero que, al mismo tiempo, nos deja exhaustos. Nos deja hasta los cojones de todos nosotros. Y esa no puede ser la respuesta, sobre todo porque coger un tren a Francia como hizo Estanislao no es una opción para la mayoría de los españoles que tienen que madrugar al día siguiente para abrir su negocio o ir a su puesto de trabajo. Y la desidia y la inacción tampoco son una solución porque no llevan a nada. La única solución es tomar partido. Cambiar las cosas.

Somos los de abajo y vamos a por los de arriba

> No somos mercancía en manos de políticos y banqueros.
>
> Proclama del 15M

Ser de izquierdas o derechas ha sido siempre una ficción. Comenzó en la Asamblea Nacional francesa de 1789, donde los diputados defensores del Antiguo Régimen y de los privilegios feudales se sentaban a la derecha y los diputados defensores del progreso y de la revolución lo hacían a la izquierda. Fue algo fortuito que podría haber sido perfectamente al revés, pero que, sin embargo, definió una de las identidades políticas de más peso de nuestra historia reciente. Más de dos siglos después, la ficción persiste, pero los cimientos que la sostienen están cada vez más resquebrajados. Dice el profesor Enrique del Teso que la división entre izquierdas y derechas se ha vuelto tan ficticia que «se diferencian mirando quien la hace. Si la hace alguien de derechas, la política es de derechas, pero si la hace alguien de izquierdas, entonces es de izquierdas».[56] Por desgracia, la historia de las últimas décadas ha sido la historia de una gran convergencia. No importaba si gobernaban unos u otros, las políticas resultantes eran muy parecidas y las diferencias apenas eran estéticas e irrelevantes. La izquierda y la derecha se habían transformado en identidades vacías y simbólicas que en su interior albergaban emociones diferentes pero que, a la hora de la verdad, cara a cara frente al poder, se comportaban de la misma manera. Por eso, independientemente de quién gobernase, los ricos se hacían más ricos, las empresas se privatizaban, el medioambiente se destruía y la injusticia campaba a sus anchas.

Es triste escribir esto porque aún muchos nos sentimos próximos a los valores de la izquierda, nos emocionan sus himnos, nos gustan sus banderas y nos enorgullecen sus conquistas. Pero de aquello muchas veces solo queda una bonita nostalgia que nos encierra en nosotros mismos. Y eso no nos lleva a ningún lado más allá del cajón de los recuerdos. Julio Anguita lo entendió perfectamente. Y por eso dijo que «solo con la izquierda no se puede». Y tenía razón. El alcalde de Córdoba sabía que no se gana solo con los que ya están convencidos. Que no se gana apelando a una pequeña parte de la sociedad que se siente simbólicamente cercana a lo que entendemos por izquierda. Si la implicación política es honesta, la intención tiene que ser mucho más ambiciosa. Es decir, no basta con ganar un electorado de izquierdas parcial, sino

56. Enrique del Teso Martín, *Más que palabras. La izquierda, los discursos y los relatos*, 2019.

que se debe aspirar a ganar un país entero para poder transformarlo. Por eso Anguita seguía diciendo que «a mí no me importa de dónde venga la gente, lo que me importa es a dónde vamos». No importa si les emocionan los mismos himnos, si les gustan las mismas banderas, si comparten el orgullo por experiencias pasadas que ya no volverán. Importa si están de acuerdo en seguir avanzando hacia un objetivo común, en cambiar el futuro del país, en devolverle el poder de decisión a la mayoría, en hacer las cosas mejor. Pero para eso solo con la izquierda no se puede. Si queremos transformar las cosas de verdad, debemos dirigirnos a la inmensa mayoría, y la inmensa mayoría, por mucho que nos fastidie, no es de izquierdas. Ni tampoco de derechas. Tenemos que aprender a lanzar ideas para todo el mundo, aunque la izquierda tenga que renunciar a ser la protagonista. Debemos ir más allá de la lucha de siempre que no cambia nada nunca. La de un 50 por ciento de izquierdas contra el otro 50 por ciento de derechas que nos mantiene en una parálisis terrible y que al mismo tiempo mantiene contentos a quienes, desde el 1 por ciento más privilegiado, nos vigilan desde arriba y se alegran de que sigamos jugando a la pelea de la mitad contra la mitad mientras ellos disfrutan de su poder desde el anonimato. Hay un interés patriótico y de clase que trasciende las diferencias estéticas partidistas. Sin preguntarle a nadie de dónde viene ni pedir carnets de pureza. Porque somos los de abajo y vamos a por los de arriba. Ese debería ser nuestro programa.

El 15M lo entendió bien. No ha habido en los últimos años nada más radical y transformador en España que el

15M. Gente llenando las plazas, gritando «¡No nos representan!», diciendo que «No somos mercancía en manos de políticos y banqueros». ¿Era aquello de izquierdas? Claro que no. Aquello era popular. Y precisamente por eso logró casi un 80 por ciento de aprobación y simpatía entre los españoles según las encuestas de aquel momento. Y sin necesidad de decir que el 15M era de izquierdas, este fue más radical y transformador que cualquiera de los políticos que en aquel mismo instante se habrían autodenominado de izquierdas. El 15M proponía un «nosotros» que iba mucho más allá del escaso 50 por ciento de la gente que suele votar a los partidos de izquierdas. Era un «nosotros» que apelaba al 99 por ciento de la población y lo enfrentaba al 1 por ciento. Y tal vez era la división más acertada que se haya podido proponer en años. Ese 99 por ciento tenía más problemas en común entre ellos, independientemente de si se consideraban de izquierdas o derechas, que ese 1 por ciento de políticos, ricachones y banqueros que nos trataban como mercancía. Daba igual si ese mensaje era o no de izquierdas porque conseguía sus objetivos. Y, como también decía Julio Anguita, eso es ser de izquierdas: conseguir el fin.[57]

Ya hace años que el furor de las plazas del 15M amainó, pero la enseñanza sigue intacta y, al mismo tiempo, tenemos grandes consensos populares que trascienden ese escaso 50 por ciento de izquierdas en el que parece que estamos confinados. Una rápida búsqueda en encuestas recientes nos muestra algo muy interesante: la mayo-

57. Julio Anguita y Julio Flor, *Contra la ceguera*, 2013, pp. 474-479.

ría de los españoles están de acuerdo con subir los impuestos a los que más tienen para pagar mejores servicios públicos. La mayoría de los españoles están de acuerdo con que hay que hacer algo con el mercado de la vivienda para que las familias dejen de ser expulsadas de sus casas. La mayoría de los españoles creen que hay que actuar con valentía contra el cambio climático para que nuestro país no se convierta en un desierto para el 2050. La mayoría de los españoles defienden que sus hijos se puedan quedar en España y no tengan que emigrar porque no tienen trabajo. La mayoría de los españoles defienden que la violencia contra las mujeres es intolerable y debe acabar. ¿Somos conscientes de lo valiosos que son esos consensos nacionales tan amplios sobre cuestiones tan importantes? No importa en absoluto que esos consensos sean llamados de izquierdas o no, lo que importa es que alberguen una gran capacidad de transformación, nos ayuden a avanzar como país y construyan una España en la que se viva mejor que ahora.

Ya basta de representarnos a nosotros mismos. De discutir en nuestros términos, de emocionarnos con nuestras canciones y nuestros himnos y quedarnos tranquilos en una posición de constante derrota muy confortable ideológicamente, pero de derrota, al fin y al cabo. En el epitafio de los izquierdistas más puros pondrá: «Siempre perdió, pero era el más de izquierdas». Como nos enseñó Durruti, tenemos que aprender a renunciar a todo excepto a la victoria. Somos los de abajo y vamos a por los de arriba.

Si estirem tots...

Si estirem tots ella caurà
I molt de temps no pot durar,
Segur que tomba, tomba, tomba,
Ben corcada deu ser ja.

LLUÍS LLACH, «L'estaca»

Solo es posible el cambio si lo hacemos en común. Cuando algo duele en Galicia, duele en Cádiz. Cuando algo duele en Jaén, duele en Barcelona. Cuando, por ejemplo, nos enteramos de un asesinato machista, salimos a protestar. No importa en qué parte del país haya ocurrido. Salimos a protestar porque formamos parte de una misma cosa, de una misma comunidad. Es curioso, pero se produce antes una concentración de solidaridad en Barcelona por una agresión en La Coruña, que está relativamente lejos, que por una agresión en Toulouse, que está bastante más cerca. Eso ocurre porque da igual que la llamemos España, patria o gran familia; la realidad es que nos duelen las mismas cosas, nos emocionamos juntos, luchamos juntos y vamos hacia algún lado juntos. Formamos parte de una misma comunidad. Y esto no es nada nuevo. Fue así durante las primeras luchas contra los Borbones y el absolutismo del siglo XIX en las que participaron desde Cádiz hasta Girona, fue así en la batalla contra el fascismo del siglo XX en la que soldados catalanes defendían Madrid y viceversa, y fue así también en nuestro siglo XXI, en el que las manifestaciones contra la guerra de

Irak o a favor de los servicios públicos se producían de Asturias a Jaén pasando por Palencia y Zaragoza. Hay una profunda corriente progresista que recorre el país de norte a sur y de este a oeste que, en ocasiones, se siente muy ausente o resentida pero que cuando empuja arrastra con toda la fuerza de un río embravecido.

Solo es posible un cambio en España si hay un cambio en sus municipios y en sus nacionalidades. Y al mismo tiempo solo es posible un cambio en sus municipios y en sus nacionalidades si hay un cambio en España. Es comprensible y absolutamente legítimo que algunos, cansados de estirar y empujar y ver como nada avanzaba, prefirieran cortar por lo sano con aquello que tanto se resiste a avanzar y comenzar a andar por su cuenta. Esta ha sido hasta el momento la apuesta independentista como posibilidad de avanzar lo que el actual Estado y su Constitución del 78 no les había permitido. Sin embargo, por ese camino la línea de meta ha acabado siendo todavía más dolorosa para todos, tal y como hemos visto durante los últimos años.

Solo avanzamos si avanzamos todos al mismo tiempo. Con fraternidad y valentía, asumiendo nuestras diferencias y poniendo en común nuestros objetivos. Pero siendo conscientes de que tan solo hemos avanzado, y así lo ha certificado la historia, cuando íbamos de la mano. Cuando un asturiano como Argüelles proclamaba una Constitución liberal en Cádiz en 1812. Cuando un castellano como el Empecinado luchaba contra el absolutismo de Fernando VII. Como cuando un catalán como Joan Prim expulsaba a Isabel II y otro catalán como Pi i

Margall presidía nuestra Primera República. Como cuando un leonés como Durruti luchaba contra el golpe de Estado de 1936 en Cataluña, y como después el resto de los compañeros catalanes liberaron Zaragoza de los fascistas. Como cuando los carteles de la Generalitat decían que luchar por Madrid era luchar por Cataluña. O como todas las veces que hemos salido a las calles a pedir las mismas cosas desde todas las plazas del Estado. Nuestra historia es la de una fraternidad sostenida contra las élites y los reaccionarios. Como toda relación fraternal, ha tenido sus más y sus menos. Pero seguimos en la misma lucha. Solo si estiramos todos y todas los que estamos en este mismo barco, *ella caurà*.

¿Qué pone en tu DNI?

> La plurinacionalidad no constituye amenaza alguna para la integridad de España, porque es parte esencial de su ser profundo. Pero sí es un grave riesgo para dicha integridad el desconocimiento de este rasgo constitutivo de su propia estructura. La realidad suele vengarse de quienes la ignoran.
>
> MIGUEL HERRERO Y RODRÍGUEZ DE MIÑÓN, uno de los siete padres de la Constitución de 1978

El 11 de septiembre de 2013 acabó con decenas de personas tosiendo en la madrileña calle de Alcalá. Esas toses no fueron causadas por un ataque repentino de alergia colectiva, sino por una bomba de gas arrojada al interior de la librería Blanquerna, en la que se estaba celebrando un acto conmemorativo por la *Diada* de Cataluña. Entre gritos y aspavientos entraron a empujones quince energúmenos hiperventilados arrasando con todo lo que veían al grito de «No nos engañan, Cataluña es España», al mismo tiempo que tiraban la bandera catalana al suelo y amenazaban a los asistentes del acto. Finalmente se fueron tras arrojar una bomba de gas al interior del local. Esta acción fue ampliamente aplaudida por toda la extrema derecha como un gran hito en la defensa de España. Qué necios. Si lo que pretendían era conseguir una España más unida, lograron todo lo contrario. Ese día la unidad no hizo sino resquebrajarse un poquito más.

La realidad es que no hay peor manera de fomentar la españolidad que la estrategia del «¿¡Qué pone en tu DNI!?». Como si aquellos a quienes se les dice no lo supiesen. No es un argumento que pretenda convencer o que invite a sentirse español de manera seductora. Es una pataleta que se regocija en imponer una identidad a la fuerza y que suena más a ladrido que a invitación. Deben creer que defienden mucho a España y que son los más españoles del mundo cuando gritan ese tipo de cosas. Pero no hay peor favor a nuestro país que pronunciar esa bobada y esperar que tenga algún efecto positivo. En primer lugar porque, lejos de acercar, aleja. Y en segundo lugar, porque solo confirma a quien no se acaba de sentir español que España es una cosa ajena que se le quiere imponer por la fuerza en lugar de una identidad amable dentro de la que también puede existir plenamente. No es otra cosa que otro ejemplo de patriotismo excluyente que grita, insulta y pretende retenerte incluso a pesar de tu voluntad. En todos nuestros DNI pone España. Gracias por resaltar lo evidente, genios. Pero no se puede construir un país funcional a través de carnets plastificados por la Policía Nacional. Un país funcional se construye cuando su gente se siente de verdad de ese país. Y eso no se hace con trozos de plástico serigrafiados. Eso se consigue teniendo un país del que merezca la pena formar parte.

Y mientras tanto, como si de primates recién liberados se tratase, algunos autodenominados patriotas salen periódicamente a las calles a gritar una curiosa consigna: «España una y no cincuenta y una». Como mucho se les puede reconocer un escaso pero suficiente sentido de la rima, pero poco más. Porque con esos gritos de chimpancé extasiado no hacen más que evidenciar su desconocimiento del país que tanto dicen amar y que con tanto ahínco pretenden defender entre grito y grito. Este coreo tan trillado obedecería a la sensación de riesgo que habita desde hace años en nuestra derecha patria por la cual, en cualquier momento, la unidad de la nación española se resquebraja y volvemos a una especie de reino de taifas en el que todos son independientes y no hay mando central. Para empezar España no es que no sea una, es que tampoco es cincuenta y una. En todo caso es diecisiete y dos ciudades autónomas, y ni siquiera eso. Porque España es mucho más de lo que algunos descerebrados entre gritos con aliento a carajillo pueden sentenciar en una tarde de manifestación ultraderechista. Y esa es la virtud del país real que pretenden encajar a golpes en su molde anticuado.

La Constitución española del 78, que algunos tanto alaban para unas cosas y tanto ignoran para otras, lo deja bien claro. España está constituida por varias nacionalidades. El artículo 2 no se acaba después de decir «La Constitución se fundamenta en la indisoluble unidad de la Nación española, patria común e indivisible de todos los españoles», sino que sigue reconociendo y garantizando «el derecho a la autonomía de las *nacionalidades* y regiones que la integran y la solidaridad entre todas ellas». Si te preguntan si existen diferentes naciones en España, no hace falta ni contestarles. Simplemente que lean la Constitución del 78 y aclaren sus dudas. De todas formas, es evidente que una nación tampoco existe exclusivamente por estar escrito en ningún lugar, pero sirve para que quienes en España son más beligerantes contra la idea de que exista algo más que una única y homogénea nación española entren en razón desde fuentes que, en principio, respetan como la Constitución del 78.

Quien quiera una España «grande y libre» que coja la máquina del tiempo y se vuelva a cuando todo se veía en blanco y negro. Quien quiera la España de hoy, la única que existe y a la que un verdadero patriota debería defender sin ambages, que asuma que no existe una España. Que existen muchas Españas. Porque cuando vas al norte conoces una España, cuando vas al sur, otra, cuando vas al levante, otra, y cuando atraviesas el centro, otra. España no es una ni cincuenta y una. España es tan grande que algunos son incapaces de entenderla, y de la profunda rabia que eso les provoca (no entender el país del que tan patriotas se sienten) intentan reducirlo y empequeñecerlo para que quepa en sus mermados cerebros.

Separatismo de los ricos

> Por primera vez en la historia, los ricos serán una especie diferente a los pobres.
>
> YUVAL NOAH HARARI

«Los impuestos son para la gente normal», decía con orgullo Leona Roberts, la mujer de Harry Helmsley, el magnate hotelero propietario del Empire State Building, durante un juicio por evasión fiscal en 1988 en el que el millonario matrimonio estaba llamado a declarar. Ellos, por supuesto, hacía mucho tiempo que se habían independizado de la «gente normal». Los impuestos eran para pobres y ellos ya no formaban parte de ese mundo.

El separatismo que más daño hace no se identifica ni con un territorio ni con una bandera. Ni siquiera con un idioma ni una historia común. Se identifica con algo mucho más frío y desapasionado, pero al mismo tiempo más poderoso y determinante: el dinero. Claro que los independentistas catalanes, que solo tenían su voto, no pudieron separarse de España porque el Estado se lo impidió. No obstante, aquellos que lo que tienen es dinero pueden separarse cuanto quieran de España, porque lo pueden pagar y no hay nadie que se lo impida. Hay un movimiento independentista que no ocupa tantos telediarios ni es utilizado por los partidos conservadores para intentar amasar votos, pero que es infinitamente más peligroso porque ya está ocurriendo. Es el independentismo de los ricos. Los académicos Antonio Ariño y Juan Romero han bautizado este fenómeno como «la secesión de los ricos» y lo definen como «el proceso de desanclaje financiero, económico, político, cultural, moral y residencial de las élites en relación con la sociedad en la que se hallan nacionalizadas y tributan». Los ricos se están convirtiendo en una especie de «clase global que sobrevuela los países sin estar comprometido con ninguno de ellos».[58] La franja más favorecida de la población vive fuera del mundo común y sus problemas. Un rico ha empezado a dejar de ser de ningún país y ha comenzado a ser solo de su dinero. Por eso pagan impuestos en paraísos fiscales, viven en barrios residenciales privados completamente separados, los protege seguridad privada, viajan en jets de su propiedad, tienen una cultura elitista propia y renuncian a pertenecer a nada que no empiece y termine en su propio bolsillo. Cuando tienen problemas en un país, se marchan a otro. Cuando ven que les van a poner una regulación, cogen su avión privado y se plantan en otra parte del mundo. Es el separatismo de los que ya lo

58. Antonio Ariño y Juan Romero, *La secesión de los ricos*, 2016.

tienen todo pero quieren tener más. Y así se ha ido formando una gran clase global de multimillonarios independizados de sus respectivos países de origen y de su gente.

La preocupación por el separatismo de los ricos no es ni siquiera una cuestión ideológica, sino que va más allá de eso. Es una aberración, se mire desde donde se mire. Hemos visto a líderes conservadores como Angela Merkel decir que «lamento que a menudo sean precisamente los que no tuvieron que ver con esos errores [los que generaron la crisis económica], los jóvenes y los más desfavorecidos, quienes hoy más padecen sus consecuencias. Con frecuencia, las personas con capital ya hace tiempo que han salido del país o cuentan con otras posibilidades para protegerse. Los ricos en los países más afectados por la crisis podrían ser muy útiles si se comprometieran más. Es muy lamentable que parte de las élites asuman tan poca responsabilidad por la deplorable situación actual».[59] Son ricos emancipados de los problemas de los pobres que solamente los utilizan como mano de obra, pero luego no contribuyen a las sociedades de las que se aprovechan. Solo extraen beneficios y huyen con el botín lo más lejos posible.

En la ficción ya hemos visto ejemplos de lo que es el separatismo de los ricos. En la película distópica *Elysium*

59. «Merkel considera el desempleo juvenil como uno de los principales problemas europeos», disponible en <https://www.heraldo.es/noticias/internacional/2013/07/02/merkel-considera-el-desempleo-juvenil-como-uno-de-los-principales-problemas-europeos-186389.html>.

(2013) nos sitúan en un futuro en el que la Tierra es un planeta devastado, contaminado y en decadencia, en el que sus únicos habitantes son trabajadores que viven vidas desgraciadas y se hallan sometidos a una servidumbre absoluta hacia sus amos. Mientras tanto, ¿dónde están los ricos? Los propietarios de todo lo existente viven en una ciudad espacial que orbita alrededor de la Tierra y en la que una selecta minoría tiene una vida de lujo, libres de contaminación, y con un modo de vida ostentoso, radicalmente distinto al que tienen que soportar los habitantes de la Tierra. Por desgracia, no hace falta irse a la ficción para ver el separatismo de los ricos de una manera tan gráfica. La distopía ya está en casa, por ejemplo, en el sueño de Peter Thiel, un multimillonario cofundador de la plataforma PayPal y financiador de la campaña de Donald Trump. Poco amigo de los países repletos de pobres y de regulaciones que le impiden ser todavía más rico de lo que ya es, Peter pretende construir en medio del océano «una ciudad flotante que pueda situarse en aguas internacionales, un territorio sin ley, que goce de autonomía política y donde se puedan obviar nuevas formas de gobernanza, eludiendo obviamente los impuestos de los actuales Estados».[60] La primera nación flotante del mundo que libre a los millonarios de tener que compartir Estado y regulaciones con los pobres. Independencia total. Por fortuna, todavía no existe la tecnología necesaria para construir naciones flotantes o ciudades orbitales en el es-

60. «La peligrosa carrera hacia la desigualdad», disponible en <https://elpais.com/ccaa/2016/10/18/valencia/1476803162_077630.html>.

pacio para ultrarricos. Pero sí para construir urbanizaciones de lujo a las afueras de las urbes en las que haya policía privada y vivan las personas más poderosas al margen de la sociedad y sin necesidad de juntarse con el resto ni de mezclarse con el día a día de sus ciudadanos. En Ciudad de México conviven a pocos kilómetros de distancia zonas enteras que viven sin agua potable con barrios privados que tienen inmensos lagos artificiales particulares. En Madrid, sin ir más lejos, la esperanza de vida cambia hasta siete años dependiendo de si vives en un barrio rico o uno pobre, y en Barcelona esa cifra crece hasta los once años. Esa es la imagen desoladora del separatismo de los ricos. Dos mundos completamente segregados aun en el interior del mismo país. Pobres viviendo en la inmundicia mientras los ricos viven en comunidades cerradas con leyes propias que solo se les aplica a ellos e incluso les permiten vivir más años. Los ricos independizados de la sociedad y sus problemas.

Hubo un tiempo en el que, por muy rica que fuese una persona, tenía que andar por las mismas calles y compartir los mismos espacios con los que no lo eran. La diferencia de clase era evidente, pero a pesar de eso había muchos espacios comunes y se compartían reglas básicas. Pero eso está dejando de ser así. Cada día hay una casta de ultrarricos que se aísla más y más de la sociedad. Y eso es un gran problema. No solo porque la distancia entre clases se agrande hasta unos extremos que jamás habríamos podido ni imaginar, sino porque además destrozan el país. No hay país allí donde hay una segregación de este tipo. No hay país allí donde sus ciudadanos son tan distintos como una mosca de un león. No hay país allí donde no hay dolores compartidos ni objetivos comunes. No hay país si unos pocos lo rompen abandonándolo de manera egoísta cuando más dinero han podido acumular. Si a un patriota le debería preocupar un separatismo, tendría que ser este.

La aspiradora que se tragó a España

Pero si España fuera un donut,
Madrid no existiría
y Albacete tendría una playa
y tú y tú y tú y tú estarías ahí a la verita mía.

MÁRTIRES DEL COMPÁS,
«¡Oh! Galicia calidades»

Ver España por la ventanilla es duro. No porque sea un país feo, de hecho, la diversidad geográfica es excepcional y la belleza de sus paisajes es extasiante. Pero aun a pesar de eso, ver España por la ventanilla sigue siendo duro. Solo hace falta un viaje largo en coche, en autobús o en tren para entenderlo y ver lo que algunos insisten en ignorar: España se está vaciando. Nos desplazamos alegremente de un punto A a un punto B y por el medio solo vemos espacio vacío. Un país de largas carreteras en las que, cada cierto tiempo, aparecen pueblecitos venidos a menos. Pueblecitos en los que las oportunidades brillan por su ausencia y cuyo único futuro es el de la carretera que los atraviesa y que, en algún momento, permitirá emigrar a sus escasos vecinos para irse a alguna gran ciudad en la que tengan más oportunidades. España se ha convertido en un gran desierto interior por el cual nos desplazamos para llegar de una gran ciudad a otra. El cambio ha sido tan radical que incluso ha dejado de tener sentido seguir midiendo la distancia en kilómetros. ¿Está más cerca Madrid de París o de un pueblo de Teruel? La distancia en kilómetros es radicalmente inferior, pero el tiempo que se le tiene que dedicar a esos kilómetros es inversamente proporcional al espacio que los separa. Para llegar a París tendrías que hacer un viaje en avión de dos horas. Para ir al pueblo de Teruel deberías pasar cinco horas en una carretera de segunda o, en el caso de no tener coche, coger un tren a Zaragoza y luego un autobús hacia Teruel y perder un día entero en el viaje. Hemos llegado a un punto en el que es más fácil y rápido viajar al extranjero que por el interior de nuestro propio país.

España se ha convertido en un país a dos velocidades. Una que es la de la España urbana y pujante, y otra que es la de la España rural y «de provincias», cada vez más despoblada, envejecida y sin recursos. Tener ciudades muy grandes no quiere decir que tengamos un país muy desarrollado, más bien significa que tenemos un país muy vaciado. En 1900 el 50,8 por ciento de la población española vivía en municipios de menos de 5.000 habitantes y el 70 por ciento de la población activa trabajaba en el campo, mientras que solo el 13,5 por ciento vivía en ciudades de más de 50.000 personas. Hoy la tendencia se ha revertido completamente y tan solo el 16 por ciento de los españoles vive en municipios de menos de 5.000 habitantes, mientras más del 70 por ciento de los españoles reside en grandes ciudades. De hecho, actualmente el 90 por ciento de las personas viven en tan solo el 30 por ciento del país. España se ha convertido en una serie de pequeños núcleos de alta intensidad y capacidad económica cada vez más desconectados y aislados del resto del país del que forman parte. Y fuera de ellos, tan solo desierto.

La Comunidad de Madrid es un buen ejemplo de esta tendencia. Ella sola concentra el 19,2 por ciento del PIB y el 14,2 por ciento de la población en tan solo el 1,6 por ciento del territorio nacional. Y en aumento. Las grandes ciudades funcionan como aspiradoras. Cogen todo lo que hay a su alrededor y lo absorben. Es un círculo vicioso por el que en la España interior la gente se va porque hay cada vez menos oportunidades, y hay cada vez menos oportunidades porque cada vez hay menos gente. Y así se construyen ciudades deshumanizadas y llenas de personas que vienen de otras provincias en busca de las oportunidades que les negaron en casa. ¿Cómo no iba a ocurrir? Las grandes ciudades tienen las mejores universidades, la mayor parte de ocupaciones de alto nivel y las mejores comunicaciones nacionales e internacionales por tierra, mar y aire. Sin ir más lejos, el 44,4 por ciento de las 1.000 mayores empresas españolas tienen su sede en Madrid y el 72 por ciento del conjunto de las 109.422 licitaciones del sector público estatal corresponde a órganos de contratación ubicados en la capital. Además, Madrid concentra todas las instituciones del Estado. Desde el primer hasta el último ministerio del Gobierno, pasando por el Tribunal Supremo, el Tribunal Constitucional, el Senado y el

Congreso de los Diputados. No en vano, el 29 por ciento de los trabajadores públicos del Estado se concentra en Madrid. Insisto, todo esto en tan solo el 1,6 por ciento del territorio nacional.

Paralelamente Madrid se ha convertido en la región con mayor nivel de renta por habitante de España, algo más de 35.000 euros por habitante, al mismo tiempo que también se ha convertido en una de las regiones más desiguales de Europa. Esto no quiere decir que cada madrileño cobre un sueldo de 35.000 euros al año, sino que hay unos pocos que cobran muchísimo y una mayoría que cobra muy poco y de ahí esa media tramposa. Además, Madrid se ha convertido en una dura competencia desleal para el resto de los territorios. No solo concentra —cada día más— la mayor cantidad de trabajos, oportunidades y órganos públicos, sino que además baja los impuestos para que el resto de las empresas del Estado puedan mudarse allí para ahorrarse un poco de dinero. Debido a esas rebajas, la Comunidad de Madrid deja de ingresar más de 4.100 millones de euros anuales, unos 636€ menos por madrileño. Por supuesto, eso no implica que a Madrid le vaya mejor. Les va mejor a los ricos que viven en Madrid pagando menos impuestos. Pero los madrileños lo pagan con la gentrificación de sus barrios, con el empeoramiento de sus servicios públicos infrafinanciados y con la construcción de una urbe masificada e inhumana que convierte su casa en una cárcel de humo y ruido.

Este modelo de país es una mala idea no solo para España en su conjunto, sino también para aquellos que viven en la capital. Ningún madrileño desea vivir en la capital de un desierto. Es evidente que preferirían ser la capital de un país que rebose vida y oportunidades por sus cuatro costados. Y eso se hace apostando por un modelo económico distinto, que prime la colaboración frente a la competencia, que priorice la cercanía de los servicios a la concentración y deshumanización, que ofrezca oportunidades a todos los territorios por igual y que no permita que España se desintegre por su interior. Claro que España se rompe, pero no por los costados, sino desde el interior.

Una España que haya entendido ese problema y quiera solucionarlo tendrá el Senado en Barcelona, el Tribunal Constitucional en Cádiz, el Tribunal Supremo en Huesca, el Ministerio de Agricultura en Jaén o el de Universidades en Salamanca, y cada capital de provincia será en algún momento sede itinerante de reuniones del Gobierno y de otros organismos clave para el desarrollo de la vida política y económica del país. España será grande de verdad cuando entienda que no todo son sus grandes ciudades. Nuestra identidad viene de la España interior y de los territorios abandonados desde los que millones de españoles tuvieron que salir cuando dejó de haber trabajo y oportunidades y ahora muchos recuerdan con nostalgia. Debemos tomar una decisión urgente: ¿queremos ser un país con cuatro ciudades inmensas rodeadas de cientos de kilómetros cuadrados vacíos o queremos ser un país con cientos de ciudades prósperas y llenas de vida por los cuatro costados? No es una cuestión de esperar a ver qué pasa. Es una cuestión de decidir ya qué es lo que queremos ser. Un país lleno o un país vaciado.

13

Defender lo obvio

> ¿Qué tiempos son estos en los que tenemos que defender lo obvio?
>
> Bertolt Brecht

Uno de nuestros errores más habituales ha sido el de pensar en la historia de la humanidad como un progreso constante. Como si fuese una línea recta que avanza imparable hacia delante. Ha sido uno de los errores más básicos de los progresistas. Nos creímos que, como nuestras ideas eran las mejores, las más justas y las más adecuadas, se iban a acabar imponiendo por imperativo histórico. No quedaba otra que triunfar. Y, por lo tanto, la fe en la victoria era casi ciega. Sin embargo, eso no produjo revoluciones, más bien produjo ansia de revoluciones que nunca acababan de llegar con muchos, demasiados, retrocesos de por medio.

Las conquistas nunca son definitivas. Se puede empujar hacia delante, pero también hay que retener esas conquistas para que no se vuelva hacia atrás. Nos haría falta algo así como una especie de conservadurismo progresista que empuje hacia delante pero que después apuntale y cuide las conquistas para no volver hacia atrás. En ocasiones, lo más revolucionario es saber echar el freno de mano para no precipitarse cuesta abajo y así poder seguir subiendo el empinado camino hacia arriba que es nuestra historia.

Hoy en día, como en momentos oscuros del siglo pasado, negras tormentas agitan los aires y la reacción se viste de revolucionaria. Muchas conquistas que dábamos por hecho se tambalean y empiezan a derrumbarse producto de los ataques de estos nuevos apóstoles del retroceso. Entonces no basta con una fe ciega en una historia lineal que nos lleve indistinguiblemente a un futuro de progreso. Hay personas que trabajan activamente para que ese progreso se convierta en involución. Para volver a discutir temas que estaban cerrados, para volver a negarle derechos a quienes ya los habían conquistado. En tiempos de negras tormentas, necesitamos paraguas robustos para aguantar el temporal y fuerzas suficientes como para, una vez aguantado el chaparrón, permitir que nazca el sol y vuelva a iluminar nuestras vidas. Necesitamos volver a defender lo obvio.

La meritocrática historia de Juan y Cayetano

> DANIEL LACALLE: Emilio Botín, DEP uno de los grandes. Empezó de cero y convirtió al Santander en un ejemplo mundial, saliendo reforzado de todas las crisis.
>
> USUARIO DE TWITTER: De cero no, heredó un banco.
>
> DANIEL LACALLE: No me fastidies. Era un banco enano.
>
> Conversación entre el economista
> DANIEL LACALLE y un usuario
> en Twitter, 2014

Juan Pérez García nació en Carabanchel. Su padre era camionero y su madre, limpiadora. Acabó la secundaria con un aprobado raspado y se puso a trabajar en la obra para ayudar en casa con su salario. Ese mismo año se fue a vivir con ellos su abuelo, pues ya estaba mayor para valerse por sí mismo y no podían permitirse llevarlo a una residencia ni pagarle una enfermera a domicilio. Años más tarde, Juan se casó y tuvo un hijo. Trabajando en la obra no le iba mal y tras unos años consiguió ahorrar suficiente para emprender un negocio. Juan siempre había sido bastante avispado y tenía ambiciones. Abrió un bar en el polígono industrial en el que trabajaba su primo. Era un buen negocio porque era el único bar del polígono y tenía clientela asegurada para cada día. El bar iba viento en popa, incluso le permitió pagar la entrada de un piso para vivir con su mujer y su hijo. Pero a los pocos meses cerraron casi todas las fábricas del polígono y el local se convirtió en un páramo. No entraba una sola alma. Juan lo había invertido todo en su bar. Se había hipotecado hasta las cejas y tenía una deuda terrible con el banco. Intentó volver a la obra, pero no lo cogieron, había estallado la crisis y la cosa estaba muy mal. Tuvo que malvender el local y luego hacer piruetas para pagar la hipoteca de la casa. Hasta que no pudo más. Era pagar la hipoteca o darle de comer al crío, y el crío siempre era lo primero. Los desahuciaron y además le echaron la culpa a él porque «había vivido por encima de sus posibilidades». Juan tuvo que volver a casa de sus padres, pero esta vez llevándose a su mujer y su hijo a cuestas. Vivían todos con la pensión del abuelo. Juan sentía que era un fracasado.

Cayetano Rivera de Prada nació en La Moraleja. Su padre era propietario de una empresa de construcción y su madre gestionaba una red de pisos turísticos que había heredado de su abuelo. Cayetano no sacaba muy buenas notas, aprobaba más bien justillo. Pero todo cambió cuando lo matricularon en un nuevo colegio privado en el que, aunque se esforzaba lo mismo (o incluso menos), empezó a aprobar más fácilmente. La verdad es que no tenía muchas ganas de seguir estudiando, pero su padre le dijo que, si acababa el grado en ADE, le comprarían el coche que quería. Tampoco estudió demasiado, pero se sacó la carrera. La misma que su padre cuando era joven. Durante un tiempo estuvo trabajando en la empresa de su padre. No sabía muy bien qué hacía, pero la gente le respetaba. Hasta que un día sintió que quería algo más. Quería ser un emprendedor, volar por sí mismo. Invirtió todos sus ahorros en un negocio de alquiler de bicicletas que estaba convencido que iría genial en su barrio. Hasta que se dio cuenta de que las bicicletas no triunfaban en su zona y la idea no iba a prosperar. El negocio quebró y lo perdió todo. Cuando volvió a casa su padre le dijo que no pasa nada, que todo el mundo fracasa de vez en cuando y le ofreció volver a trabajar en la empresa familiar. Cayetano siguió en la empresa de su padre hasta que se le ocurrió un nuevo negocio de alquiler de patinetes eléctricos para Madrid. Tan solo necesitaba 700.000 euros de inversión inicial. Su padre se los dejó. Y el negocio fue redondo, Cayetano se hizo de oro. Cayetano sentía que era un triunfador.

Pero ni Juan era un fracasado ni Cayetano era un triunfador. Simplemente eran hijos de sus circunstancias y, sobre todo, de sus padres. Ni ambos tuvieron las mismas oportunidades ni tampoco las mismas condiciones de partida. La carrera de su vida ya estaba condicionada incluso desde antes de que existieran. Condicionada por el hospital en el que nacieron, por el código postal de su casa y por los apellidos de sus padres. El discurso meritocrático es una mentira. Una trampa para justificar que los que están arriba se lo merecen porque se han esforzado más que los que están abajo. Y en la mayoría de las ocasiones ese esfuerzo se resume en una cosa: tener padres ricos. Si miramos el origen de la riqueza de los multimillonarios españoles, vemos que el de más de la mitad de su riqueza es simple y llanamente producto de herencias, es decir, de haber tenido progenitores ricos.[61] Joseph Stiglitz, premio Nobel de Economía, lo explica muy claro en su libro *El precio de la desigualdad*: «el 90 por ciento de los que nacen pobres mueren pobres por más esfuerzo o mérito que hagan, mientras que el 90 por ciento de los que nacen ricos mueren ricos, independientemente de que hagan o no mérito para ello».[62]

No hay mayor mentira que el «si quieres, puedes». Porque puedes querer con toda tu alma, esforzarte hasta la extenuación, robarle horas al sueño y al descanso, y aun así fracasar. Por supuesto que el esfuerzo suma, pero no determina la victoria. Hay demasiadas variables que están fuera de nuestro alcance y eso nos genera una impotencia tremenda. Nos hace sentir fracasados, inútiles. Que le digan a Juan que no se esforzó subiéndose en un andamio cada día y luego intentando abrir un negocio nuevo. Que le digan a su madre que no se esforzó limpiando escaleras ocho horas al día por más de cuarenta años. El esfuerzo no se puede medir en éxito económico porque ese éxito monetario muchas veces depende más de otras variables que son imposibles de controlar. La realidad es que el 90 por ciento de los niños y las niñas que nacen en familias pobres mueren pobres y que, en España, se necesitan

61. Datos extraídos del Peterson Institute for International Economics (PIEE).

62. Joseph E. Stiglitz, *El precio de la desigualdad: el 1 % de población tiene lo que el 99 % necesita*, 2012.

ciento veinte años —cuatro generaciones— para que una familia del 10 por ciento más pobre alcance ingresos medios.[63] Ya ni digamos hacerse ricos.

En España nadie suele defender sin más las desigualdades, sino que más bien tratan de justificarlas explicando los privilegios de las élites como supuestos méritos intelectuales o morales. Es decir, como si realmente se lo merecieran. Y de esa manera generan una ficción democrática por la cual cualquiera que tenga el talento suficiente podrá ascender en la escala social. Pero no es cierto. No todos acceden con la misma facilidad a los trampolines sociales que te permiten impulsarte hacia delante. Hay cuestiones que te determinan: tener muchos libros en casa, unos padres que te puedan dedicar tiempo porque no están todo el día trabajando, estabilidad familiar, una casa grande que tenga espacios para leer y estudiar en silencio, un colegio sin clases abarrotadas en el que te ayuden si lo necesitas o el dinero para ir a una universidad. Hay muchas cosas que no dependen de tu esfuerzo, sino que vienen dadas. Por eso no a todo el mundo le penaliza igual fracasar. Juan no podía permitirse fracasar, porque si lo hacía significaba que lo perdía todo. Cayetano sí podía, porque sabía que iba a tener a su familia detrás para ayudarle y darle una segunda oportunidad. La vida se convierte en un juego de puntería en el que la inmensa mayoría tiene un solo disparo mientras que los privile-

63. Informe de Oxfam Intermón n.º 49: «Desigualdad 1 - Igualdad de Oportunidades 0. La inmovilidad social y la condena de la pobreza». Disponible en <https://www.oxfamintermon.org/es/publicacion/desigualdad-1-igualdad-oportunidades-0>.

giados tienen todos los que quieran. Y no es que unos no se esfuercen y otros sí, simplemente es que unos solo se podían permitir fallar una vez y los otros todas las que quieran.

Esto no es un canto a la apatía y al derrotismo. Esto no significa que, para el resto de los siglos, quien es pobre siga siéndolo y quien es rico siga siéndolo. Porque hay mecanismos para que eso no sea así. Son políticas de redistribución. Y lejos de pensar que estas políticas son simplemente beneficiosas para los pobres y perjudiciales para los ricos, estas medidas son beneficiosas para el país en su conjunto. Porque hay mucho talento que no se explota. Muchas mentes brillantes que nunca se pueden desarrollar y se pierden porque no hay recursos suficientes. Hay ingenieros con mucho talento, filósofos brillantes y cirujanos excelentes que jamás llegarán a existir porque han nacido en familias que no pueden permitirse pagar una buena educación a sus hijos.

La meritocracia señala al que fracasa sin culpa y felicita al que triunfa sin esfuerzo. Y eso no es meritocracia, es simplemente reproducción social de la riqueza.

Si tanto te gustan, mételos en tu casa

Se habla de inmigración como si se hablase del tiempo. Como si fuese algo que simplemente ocurre. Como si fuese algo que se puede reproducir con números y palabras sin sentir nada más allá. Y a menudo nos olvidamos de que detrás de esos números hay personas, y detrás de esas personas hay historias desgarradoras que, de conocerse, harían callar hasta al racista más empedernido y cruel.

Nadie huye de su país por gusto. Y quien piense lo contrario que se imagine abandonando su casa, su familia, sus amigos, el barrio donde ha crecido y toda la gente que ha conocido a lo largo de su vida. Todo eso para irse a miles de kilómetros de distancia a un país lejano en el que no hablan su idioma, en el que van a ponerle mil problemas para trabajar y que además nunca sentirá del todo suyo. Nadie emigra por gusto. Nadie emigra por una «paguita» y nadie se juega el tipo por un supuesto «efecto llamada». Los españoles deberíamos ser los primeros en saberlo. Ningún español cruzó los Pirineos a pie en 1939 por gusto. Ningún español se fue a trabajar a Suiza y Alemania en los sesenta y estar años sin ver a sus familias por gusto. Se hacía por necesidad. Porque era vivir así o morir. No tengamos la memoria tan corta y recordemos cuando estábamos al otro lado.

Por eso es tan triste ver que cada vez que se habla de inmigración aparece con recurrencia un comentario machacón que dice: «Si tanto te gustan los inmigrantes, mételos en tu casa». Y no solo es que sea una bobada, sino que a esa tontería podemos jugar todos. Si tanto te gusta el rey de España, mételo en tu casa. Si tanto te gustan los toros, los financias tú. Si tanto te gusta la Iglesia, te la pagas tú. Son sandeces. No dicen nada. Porque, por ejemplo, si quieres una sanidad decente, tú no te construyes un hospital en casa. Igual que, si quieres una educación decente, no edificas un colegio en tu casa. Pues de la misma forma, si queremos un país decente que trate con humanidad a las personas, tú no acoges a los más necesitados en tu casa. Lo hace el Estado con el esfuerzo de todos. Si podemos rescatar a los bancos, a las autopistas, a las grandes empresas, ¿cómo no vamos a poder rescatar a personas en una situación en la que nosotros mismos estuvimos hace unas pocas décadas?

Una imagen durísima, que debería avergonzar a cualquier español que ame a su país, fue Santiago Abascal leyendo en un mitin los apellidos de la lista de ayudas al alquiler de la Comunidad de Madrid mientras todos los asistentes abucheaban cada apellido que no les sonase lo suficientemente español. Su tesis era que la inmensa mayoría de los nombres que leía tenían apellidos extranjeros y que, por ende, casi todas las ayudas públicas estaban destinadas a extranjeros que venían a España a aprovecharse de nuestro sistema del bienestar pagado por los españoles de bien. Eso quedó radicalmente desmontado en pocas horas cuando esa lista salió publicada al completo y se vio que los extranjeros que recibían las ayudas eran una gran minoría respecto a los españoles. Sin embargo, fue efectiva como bulo para hacer lo de siempre: señalar al pobre y fomentar el odio al débil.

Me pregunto si todos esos españoles acomplejados que abucheaban cada apellido que les sonase a extranjero habrían hecho lo mismo con los apellidos de sus propias listas electorales: Steegmann, Smith, Holzwarth, Burkhalter, McIlwain, Divasson, Krüger. ¿Acaso esos apellidos proceden de Soria o de Valladolid? Con esos apellidos extranjeros no tenían problema, porque llevaban dinero y poder detrás. La triste realidad es que no tienen un problema con los apellidos ni con su procedencia; tienen un problema con los pobres. Hablan de invasión migratoria cuando gente con menos recursos viene a trabajar, pero no dicen una sola palabra cuando los que vienen de fuera a quedarse con lo nuestro son ricos. Las acciones que controlan 19 de las 35 empresas del IBEX están en manos extranjeras, casi todas norteamericanas, y los inversores extranjeros ya controlan más de la mitad de la Bolsa española mientras pagan el 63 por ciento de los impuestos fuera. Pero no hemos visto a ninguno de estos supuestos patriotas hablando de invasión de los ricos, ni de disolución de la identidad española.

Pero no acaba ahí su hipocresía. Porque ni siquiera es verdad que no quieran que vengan inmigrantes ilegales. De hecho, les va bien que vengan y sobre todo que sean ilegales, porque así pueden explotarlos sin ofrecerles contrato ni condiciones dignas. Los utilizan como mano de obra casi gratuita hasta, literalmente, matarlos. Sin ir más lejos, en diciembre de 2019 la Guardia Civil detuvo al propietario de una explotación olivarera en Pozo Alcón que, después de haber sido concejal del PP en 2011, se había pasado a Vox. Lo detuvieron por haber abandonado frente a un centro de salud el cuerpo sin vida de un inmigrante que falleció en su finca recogiendo aceituna sin que tuviera contrato de trabajo ni documentación en regla. Es triste, pero el racismo se ha convertido en el pasatiempo de los señoritos que azuzan el odio y después exprimen a los mismos a los que dicen querer echar de España. Su lógica siempre es la misma: si son millonarios que nos roban la soberanía a golpe de talonario, puente de plata. Si son mano de obra que recoge su fruta a tres euros la hora, mordaza y trabajo sin derechos.

El mito del iPhone

Seguramente el sistema económico en el que vivimos sea socialmente injusto, ecológicamente insostenible y humanamente fracasado. Pero también es cierto que tienes un iPhone, así que cualquier crítica que hagas al capitalismo quedará invalidada. Todo el mundo lo sabe: tan de izquierdas no serás si tienes un iPhone.

Esta acusación se ha convertido en la fórmula definitiva de crítica política en tiempos modernos. Y no solo se aplica con el iPhone, sino que se puede extrapolar a todo tipo de bienes de consumo. Casas, coches, ropa, redes sociales... Porque para los defensores de esta disparatada doctrina existe una absurda incompatibilidad entre tener posiciones críticas con el capitalismo y cualquier innovación tecnológica. En su cabeza el anticapitalismo es equivalente a tener que vestir con sacos de patatas, arar la tierra con la fuerza de los bueyes y comunicarse mediante paloma mensajera. Por supuesto, estos iluminados olvidan que fue un país socialista el que puso por primera vez un satélite en órbita (el Sputnik), o que ese mismo país fue el primero en mandar al primer hombre (Yuri Gagarin) y a la primera mujer (Valentina Tereshkova) al espacio. Y no lo consiguieron por capitalistas o por defensores del libre mercado. Faltaría más. Lo consiguieron porque tenían una buena planificación estatal en el sector, bien financiada y con objetivos claros.

Es profundamente absurdo criticar que alguien que vive en un sistema productivo (que aspira a cambiar) consuma los productos del sistema en el que vive. Como si hubiese una alternativa real. La acción individual de evitar el consumo de determinados productos por haber sido desarrollados bajo el capitalismo es absolutamente irrelevante, puesto que el problema no es de consumo sino de producción. Por lo tanto, no se soluciona con buena voluntad, compras conscientes y decisiones reflexionadas en el momento de adquirir algún producto. Se soluciona poniendo límites a la explotación, ofreciendo salarios dignos a los trabajadores e impidiendo que lo que se produce sea en régimen de semiesclavitud. No se trata de decisiones individuales. De esa manera no se cambia nada más que tu propia vida y en todo caso tu mala conciencia. Pero, si lo que pretendemos es un cambio verdadero, enfocarse en el consumo individual cuando el problema es sistémico es un error.

Pero volvamos al ejemplo del iPhone. Para los usuarios asiduos de este tipo de críticas cansinas al consumo el ejemplo del iPhone es casi orgásmico. En el momento en el que ven que cualquier persona con una mínima perspectiva progresista tiene algún producto con una manzanita en el logo, se les encienden los ojos y exclaman con pasión: «¡Tan de izquierdas no serás si tienes un iPhone!». De verdad creen que el iPhone es una maravilla traída al mundo por los dioses del libre mercado que, apoyándose sabiamente sobre curvas de oferta y demanda, y siempre guiadas por la todopoderosa mano invisible (esa de la que se olvidan cuando hay que rescatar alguno de sus bancos), trajeron la maravilla tecnológica del iPhone. Y no pueden estar más equivocados. Porque, como con casi todo, el iPhone no es la creación que el mito capitalista ha hecho de él. El iPhone es producto de una colaboración público-privada en la que el Estado y los recursos públicos han tenido muchísima importancia.

Apple suele ser uno de los ejemplos habituales de creatividad empresarial y esfuerzo emprendedor de jóvenes que empezaron en sus garajes que demuestran el triunfo del capitalismo y de la mano invisible sobre el Estado y el control público de la economía. Su argumento es muy sencillo: disfrutamos de buena tecnología gracias al libre mercado, que fomenta la creatividad y el emprendimiento, mientras que el Estado y la regulación pública solo lastran el potencial creativo de nuestras sociedades. Pero las cosas son muy diferentes.

Como explica la economista Mariana Mazzucato en su libro *Estado emprendedor*,[64] cada una de las tecnologías centrales que se utilizan en el iPhone provienen de investigaciones apoyadas financieramente por el Estado y por fondos públicos. El internet con el que puedes navegar por la red en cualquier momento no es un producto del libre mercado. Su desarrollo fue financiado por el Departamento de Defensa del Gobierno norteamericano. La pantalla táctil que utilizas para darle órdenes a tu teléfono es el resultado de investigaciones de laboratorios de

64. Mariana Mazzucato, *El Estado emprendedor. Mitos del sector público frente al sector privado*, 2019.

financiación estatal. El GPS que te sirve para orientarte cuando coges el coche también fue desarrollado por el ejército de Estados Unidos con fondos públicos. Incluso el asistente personal Siri fue producto de una investigación financiada con recursos públicos en las universidades americanas. Y no solo es que Apple se beneficiase de las actividades de investigación públicas, sino que además durante la primera etapa empresarial recibió una subvención pública de 500.000 dólares para pequeñas empresas. Y esta historia de progreso subvencionado no es algo que ocurra solo con Apple, porque si, por ejemplo, nos fijamos en otra empresa tecnológica puntera como Google, vemos que la creación de su algoritmo fue financiada por la National Science Foundation y que no tiene nada de creación genuina del libre mercado. Nos han estado vendiendo durante años un modelo de progreso a través de la empresa privada cuyos principales ejemplos ni siquiera encajan con la idea principal, puesto que su éxito se ha debido a un fuerte intervencionismo del Estado en el desarrollo de sus productos.

La idea de que solo hay prosperidad tecnológica bajo el capitalismo es una absoluta falsedad. De hecho, en muchas ocasiones la obsesión del capitalismo por acumular riquezas y sacar plusvalías de todo lo posible es incluso contraproducente para ese mismo fin. Es cierto que el capitalismo ha generado algunas de las tecnologías más fascinantes que hemos visto hasta ahora. Pero al mismo tiempo ha vivido de una obsesión que cada vez lo consume más. La obsesión por el beneficio a corto plazo. Por sacar rentabilidad a todo lo posible. Y es debido a esa obsesión que vemos cosas absolutamente delirantes, como que muchas de las mejores mentes del mundo, en lugar de dedicarse a estudiar sobre cómo curar graves enfermedades, desarrollar algoritmos que ayuden a combatir el inminente colapso climático o que estudien cómo solucionar el hambre en el mundo gestionando más eficientemente nuestros recursos, se centran en pensar cómo hacer que las redes sociales sean más adictivas y que sus usuarios pasen cada vez más tiempo en ellas. Es decir, están obsesionados con ganar más dinero. Mientras el mundo arde, las mejores mentes se dedican a pensar en cómo hacer que pases un minuto más conectado a Instagram.

¿Quiere esto decir que todo deba proceder del Estado? En absoluto. Claro que Steve Jobs y Apple fueron muy importantes para el desarrollo del iPhone, faltaría más. Pero es que eso ya lo sabemos y se encargan de repetírnoslo cada día: lo importante es el sector privado, como toda la innovación viene de él y que el valor añadido lo ponen los emprendedores. Lo que nunca se dice es que esos emprendedores suelen estar subvencionados, que ese valor añadido no sería posible sin el aval de entes públicos y que la innovación se apoya sobre cientos de investigaciones previas financiadas con fondos estatales, es decir, financiadas con el esfuerzo colectivo que hacemos al pagar impuestos.

A poco que rasques un poco, la frase cuñada que se citaba al principio comienza a darse la vuelta y empieza a sonar más a: si tan defensor del libre mercado eres, tal vez no deberías tener un producto tan determinado por la investigación estatal como un iPhone.

Viva el orden y la ley

Viva España, viva el rey, viva el orden y la ley.

Himno de la Guardia Civil

En el himno de la Guardia Civil se puede oír una de las contradicciones más absurdas cantadas en España: «Viva España, viva el rey, viva el orden y la ley». La monarquía no solo no ha sido nunca demasiado amiga del orden y de la ley, sino que directamente ha sido sinónimo de desgobierno, negocios opacos, corrupción y falta de respeto constante a los españoles y a sus leyes. ¿Pero por qué estamos tan acostumbrados entonces a oír hablar de la ley y el orden como conceptos asociados a monárquicos y derechistas? Porque el orden y la ley se han convertido simplemente en un fetiche para los conservadores. Y así se han hecho pasar por garantes del orden y defensores de la ley cuando realmente nunca lo han sido. Una mentira que, repetida a la fuerza y adornada con mucho gasto policial y represión contra el que protesta, ha logrado imponerse. Nos han hecho creer que defender el orden simplemente es impedir que el pueblo se manifieste, defender la propiedad de los más ricos y garantizar que todo siga igual; y que defender la ley es quedarnos atascados en la legislación actual, no intentar cambiar nada y conformarnos con el *statu quo*. Y no puede haber concepción más errónea que esa. Quien crea que orden y ley significan represión y control, está muy equivocado.

¿Dónde no hay ley ni orden? En la jungla, en el lejano oeste o en medio del caos. ¿Y quién triunfa cuando no hay ni ley ni orden? Los más fuertes. Aquellos que pueden imponerse a los más débiles. ¿Por qué necesitamos entonces ley y orden? Para que no impere la ley de la selva, para que los más fuertes no dominen a los débiles y para que haya justicia. Es algo de sentido común que por desgracia se olvida muchas veces. En nuestra sociedad, ¿quién es el fuerte? Aquellos que controlan el poder económico (y en menor medida el político). Por lo tanto, ¿a quién le interesa la ley y el orden? Al pueblo. A los débiles que tan solo tienen la ley y el orden que les brinda la humilde unión de la mayoría para limitar la fuerza de los poderosos. Las leyes atan las manos de los poderosos, los obligan a seguir cauces legales y a comportarse como cualquiera sin importar los millones que tengan en el banco. Por eso a los poderosos no les interesa la ley ni el orden. Preferirían un país sin regulación, con la menor cantidad de leyes y normas posibles y con un orden basado simplemente en la amplitud de su bolsillo. Y precisamente por eso intentan hablar de ley y orden asociándolo a lo militar, a lo policial y a la represión de la gente común. Porque es la única forma de librarse del verdadero orden y de la verdadera ley que realmente odian con toda su alma.

De hecho, una fuerza política progresista debería reconquistar el orden y la ley como conceptos útiles para intervenir en política. En un momento en el que los poderosos han llenado nuestras vidas de inseguridad e incertidumbre y han abolido las normas para que los de arriba puedan hacer lo que quieran, lo más revolucionario es poner orden y hacer respetar la ley. Un orden que signifique un Estado que trabaje para todos, una sanidad que funcione bien, una educación que no discrimine y ofrezca oportunidades y unas vidas seguras y con certezas, y unos ricos que paguen a Hacienda cuando toca. Una ley que, independientemente de si te apellidas Borbón y de los millones que tengas guardados en el banco, te imponga las mismas obligaciones que a cualquier hijo de vecino. La ley y el orden iguala, redistribuye y limita la fuerza de los poderosos.

Por eso la ausencia de ley y orden no se da cuando hay una manifestación, cuando hay algún disturbio rodeado de cámaras para luego emitir la noticia en *prime time* o cuando alguien vota en un referéndum sin aval del Estado. Eso son desórdenes epidérmicos y absolutamente ridículos al lado de la verdadera ausencia de orden que se da cuando los poderosos se saltan la ley a golpe de talonario, eligen a sus propios jueces, sobornan a políticos, se saltan la cola de espera, tiran de influencias para que todo les vaya mejor y someten lo de todos al criterio de unos pocos. Ahí es donde la ley y el orden desaparecen.

Por eso poner orden no significa más policías, más represión y castigos más duros. Poner orden significa que nadie pase hambre, que nadie acabe en la calle por no poder pagarse un techo, tener asegurados una serie de servicios públicos de calidad y poder vivir una vida sin miedo en la que sepas que vas a poder tener hijos sin que eso te vaya a destrozar económicamente y en la que no tengas que estar haciendo acrobacias para llegar a fin de mes. Todo lo demás no es orden, es palabrería. Y para eso hace falta ley. Una ley que no se puedan saltar ni los más ricos. Ni por mucho dinero, ni por mucha influencia, ni por muchos contactos ni por muchos apellidos compuestos que tengan. Una ley que obligue por igual y que garantice una vida en común en la que los ultrarricos no se puedan independizar de la sociedad simplemente abriendo su abultada cartera. Hace falta orden y hace falta ley, pero de verdad.

Es curioso, porque esos mismos que se erigen en defensores del orden y la ley al mismo tiempo presumen de constitucionalistas, pero para ellos la Constitución es solo un adorno que se ponen en la boca, pero que nunca llegan a convertir en hechos. Recordemos algunos artículos de nuestra Constitución para entender por qué la citan tanto y la aplican tan poco. El artículo 14 dice que «todos los españoles son iguales ante la ley», pero ellos promueven discursos de odio contra las personas LGTBI, son racistas, machistas y defienden que un Borbón huya de España con los bolsillos llenos sin que haya consecuencias. El artículo 16 «garantiza la libertad ideológica», pero los reaccionarios quieren ilegalizar a todos los partidos que no piensen como ellos y acabar con todas las protestas que les desagraden. El artículo 35 garantiza el «derecho al trabajo» y a una «remuneración suficiente», pero ellos han votado sistemáticamente en contra de la subida del salario mínimo, de los programas de protección de empleo, de prestaciones sociales y de cualquier legislación que ampare las huelgas para defender puestos de trabajo. El artículo 47 defiende el «derecho a disfrutar de una vivienda digna [...] regulando la utilización del suelo de acuerdo con el interés general para impedir la especulación», pero los reaccionarios ponen el grito en el cielo cada vez que se plantea regular el alquiler de la vivienda para hacerla accesible a todo el mundo y que no haya que dedicar un 90 por ciento de tu salario para emanciparte.[65] Al artículo 128 de nuestra Constitución ellos lo llamarían comunismo, pero es ley, y dice algo de sentido común: «Toda la riqueza del país en sus distintas formas y sea cual fuere su titularidad está subordinada al interés general», porque primero va la gente y luego los millonarios. No hay nada como abrir la Constitución y leerla para entender lo poco que les gusta realmente por mucho que luego se llenen la boca con ella.

Han convertido el orden y la ley en un fetiche ideológico construido sobre cimientos de barro. Por eso debe ser nuestra tarea, frente a su identitarismo fetichista, defender de verdad la ley y el orden para los de abajo.

Militares y demócratas

La lista es larga. Los oficiales de artillería Luis Daoiz y Pedro Velarde desobedeciendo al poder monárquico y poniéndose de lado del pueblo madrileño en 1808. El general Rafael del Riego haciendo tragar la Constitución de

65. «Los menores de 30 deben pagar más del 90 % de su sueldo para poder alquilar una vivienda solos», disponible en <https://elpais.com/sociedad/2019/07/18/actualidad/1563449798_577291.html>.

Cádiz a un rey absolutista en lugar de ir a reprimir las colonias americanas. El general Baldomero Espartero combatiendo el absolutismo de los carlistas junto al resto de los militares liberales. Joan Prim diciendo que «jamás, jamás, jamás» volverían los Borbones a España tras haber liderado la Revolución de la Gloriosa al grito de «¡Viva España con honra!». Los soldados, marinos, oficiales e ingenieros del ejército español que permanecieron al lado de la legalidad durante la traición del 18 de julio de 1936. Los valientes de la Nueve que liberaron París de la ocupación nazi. Los militares de la Unidad Militar Democrática que desafiaron al franquismo con sus ideas democráticas. Y todos los que desde entonces se han atrevido a alzar la voz desde dentro de las Fuerzas Armadas para decir que quieren un ejército moderno, democrático y al lado de su pueblo.

La historia militar española está repleta de nombres propios que han logrado grandes avances para nuestro país. Pero, por desgracia, todos ellos tienen muy poco que ver con la realidad militar que hemos conocido durante los últimos años.

La historia de nuestro ejército, a diferencia de la de nuestra democracia, no data de 1978, sino de 1936. El golpe del 18 de julio lo hicieron militares antidemócratas cuyo proyecto político era literalmente «limpiar España» de malos españoles. Para ello le declararon la guerra no solamente al Estado al que habían jurado servir fielmente, sino a todos los españoles que no pensasen como ellos. Tras la purga, con centenares de miles de asesinados, procedieron a construir el ejército de la dictadura.

Convirtieron las Fuerzas Armadas en la cueva de la reacción y se creó un cuerpo militar a imagen y semejanza del régimen.

El verdadero problema llegó cuando, una vez entrados en democracia, todos los altos cargos del ejército que habían sido educados en la escuela de la dictadura y que habían prosperado gracias a ser próximos a ella conservaron sus puestos y pasaron, de la noche a la mañana, de ser militares del franquismo a ser militares de la democracia. Se acostaron franquistas empedernidos y se levantaron con una fina capa de barniz democrático que, por desgracia, no logró transformar todos los años de formación franquista con los que habían prosperado.

Mientras la dictadura de nuestros vecinos portugueses terminaba gracias a que el ejército se puso de lado del pueblo con la Revolución de los Claveles, en España la jerarquía militar era irremediablemente franquista y no iba a moverse ni un milímetro. Nadie se atrevería a arreglarlo en muchos años, ni los gobiernos de izquierdas ni los de derechas. Simplemente se asumió que el ejército sería la última reserva del franquismo y se aceptó que pudiesen conservar esa institución como su refugio.

Aquella decisión costó un intento de golpe de Estado en 1981 y otras tantas conspiraciones golpistas que no llegaron a prosperar. Pero lo que sirvió por miedo, incapacidad o por un precario equilibrio de poderes durante la transición no puede seguir sirviendo cuarenta años después. Ha pasado mucho tiempo y ya no hay excusas. Un país moderno necesita un ejército moderno. Una

España decente necesita un ejército decente. Sin embargo, por el momento aún le queda mucho trabajo para serlo.

Como dice el capitán de navío de la Armada retirado Arturo Maira, «el franquismo sigue siendo la ideología dominante en los ejércitos». Por desgracia hemos visto demasiadas demostraciones de ello en los últimos años. Hemos visto vídeos de soldados en el cuartel de Paracuellos del Jarama cantando, brazo en alto, canciones de grupos neonazis e himnos de la División Azul (que combatió junto a Hitler en la Segunda Guerra Mundial) sin que haya habido consecuencias por ello.[66] Hemos visto chats de militares en los que generales que hasta hace muy poco ejercían su laboral militar dicen que habría que hacer un golpe de Estado y «fusilar a 26 millones de hijos de puta» sin que haya habido represalias judiciales.[67] Hemos visto como un exmilitar disparaba con una escopeta a fotografías de miembros del Gobierno y de partidos de izquierdas, quedando al final en libertad.[68] No es que sean barbaridades realizadas por españoles cualesquiera, sino por

66. «Cara al sol, canción antigua y nueva / cara al sol es el himno mejor / cara al sol y morir peleando, / que mi patria así me lo pidió», disponible en <https://www.lamarea.com/2020/12/16/soldados-hacen-saludo-nazi-cancion-division-cuartel-ejercito/>.

67. «Me encantaría fusilar a 26 millones de hijos de puta, pero la espalda me está matando», disponible en <https://www.eldiario.es/politica/militares-franquistas-vox_129_6476787.html>.

68. «En libertad el exmilitar detenido por los disparos contra fotos de Iglesias y Sánchez», disponible en <https://www.elconfidencial.com/espana/2020-06-19/detenido-exmilitar-disparos-fotografias-iglesias-sanchez_2646836/>.

miembros (activos o no) del ejército español. Personas que saben manejar armas y que tienen el encargo de defender a la totalidad de españoles, no solo a los que piensan como ellos.

Según el capitán Arturo Maira, tras cuarenta años de democracia todavía ni siquiera se puede hablar mal del franquismo dentro del ejército. Hay una presión ideológica dominante que no lo permite. De hecho, incluso lo penalizan. El cabo Marco Antonio Santos estaba muy cansado de oír el grito franquista de «Arriba España» cada vez que rompían filas en su cuartel. Lo llevaba años soportando y tenía que aguantarse, tragárselo y seguir con su trabajo. Parecía que no había pasado tiempo desde 1936 y que el ejército se había congelado en tiempos de blanco y negro. Por eso, el cabo Santos hizo una cosa que debería ser digna de aplauso en un país decente: firmó un Manifiesto de Militares Antifranquistas en el que se expresaba algo muy sencillo y de sentido común para una democracia: se oponía a la exaltación del general Franco en los cuarteles. ¿El resultado? El Tribunal Militar Central sancionó con dos faltas disciplinarias graves al cabo Santos por haber apoyado con su firma ese manifiesto.[69] Por supuesto, nunca ha habido ningún tipo de represalias en el sentido contrario para condenar a quienes exaltan al franquismo desde el interior de las Fuerzas Armadas.

69. «El único militar en activo del manifiesto antifranquista: "Llevo 19 años oyendo al romper filas el grito de 'Arriba España'"», disponible en <https://www.eldiario.es/sociedad/ejercito-memoria-historica-franco-militares-franquismo_128_1970181.html>.

Es evidente que en el ejército hay una peligrosa ausencia de respeto por la democracia. Eso no quiere decir que no haya buena gente en su interior. Hay gran cantidad de militares deseosos de dejar de tener que trabajar en esas condiciones predemocráticas y comenzar a formar parte de un ejército profesional que sirva para ayudar a su pueblo en los momentos difíciles y no para reprimirlo. Un ejército que se parezca más a la Unidad Militar de Emergencias (que la derecha criticó duramente cuando se creó) y menos a la División Azul. Un ejército que recuerde la memoria de todos los militares valientes que desde el siglo XIX hasta ahora siempre estuvieron al lado del pueblo y contra los poderosos. En los cuarteles militares se debería recordar menos al responsable de propaganda franquista, José Millán-Astray, y más al general Riego, que combatió el absolutismo, o a los militares de La Nueve, que lucharon contra los nazis y liberaron París. Un patriotismo orgulloso debería tener claro a quién reservar esos espacios de homenaje.

En defensa de la familia

Es lo primero que conocemos y, en muchos casos, lo último que vemos. Y también es uno de los pocos consensos a los que podríamos llegar en nuestro país: la familia es de las cosas más importantes que tenemos. Es donde nacemos, donde crecemos, donde nos cuidan cuando nos caemos, donde nos sentimos arropados, donde nos enseñan a ser mejores, donde aprendemos todo lo importante y donde, al final, siempre acabamos volviendo. La familia es una cosa maravillosa. Aunque cuidado, no todo el mundo tiene la suerte de que para ellos la familia haya sido algo bonito. Hay familias que han sido infiernos de los que salir corriendo. Que han aportado dolor, control, tristeza y que lo mejor que se ha podido hacer con ellas es huir muy lejos para poder empezar a vivir. Que se lo digan a todas las personas LGTBI que, por desgracia, no han sido aceptadas por su familia. Que han sido maltratadas, obligadas a vivir con vergüenza o incluso a renegar de lo que son. Sin embargo, la familia es una aspiración. Quien la tiene y la quiere sabe la importancia de tenerla y cuidarla. Y quien no la tiene le gustaría poder tenerla y vivirla en libertad.

Para los conservadores la defensa de la familia siempre ha sido un punto principal en su programa político. Es habitual ver grandes declaraciones en defensa de la familia, importantes apartados de sus programas electorales dedicados a ella y constantes menciones durante sus mítines e intervenciones públicas. Pero cuando desde esas coordenadas ideológicas se habla de defensa de la familia, uno debe preguntarse ¿defenderla de qué? Y en esa pregunta está el quid de la cuestión. Los conservadores consideran que hay que defenderla del divorcio, del aborto, de valores liberales y de nuevos formatos familiares. Es decir, defenderla de todo lo que parezca diferente o nuevo. Es por ello por lo que esa tan cacareada y difundida defensa de la familia por parte de los conservadores es totalmente falsa. Porque los conservadores no defienden realmente la familia, defienden un tipo concreto de familia, y eso es muy diferente.

No entienden que existen muy distintos tipos de familias. Algunas con un solo padre o madre, otras con dos padres o con dos madres. Pero además no solo es eso. Defender la familia no debería ser algo que se limita simplemente a los valores existentes, sino a las posibilidades materiales de existencia. La realidad es que no hay defensa posible de la familia si no pasa por generar las condiciones para que esas familias se desarrollen. Las familias no nacen por generación espontánea. Hacen falta muchas cosas para que crezcan y salgan adelante. Empezando por una casa asequible y siguiendo por un trabajo decente y una perspectiva de futuro estable que te permita edificar una familia con hijos a largo plazo. Sin esa seguridad no hay familia posible. Y esa es la defensa de la familia que tenemos que empezar a hacer desde el progresismo. Hay que desenmascarar esa defensa vacía y falsa de la familia por parte de las fuerzas conservadoras y empezar a defenderla de verdad.

Por lo tanto, cuando alguien se declara defensor de la familia hay que contestarle, bien, pero ¿cómo se hace eso? Y si ante esa pregunta la respuesta no pasa por regular los alquileres, hacer un mercado laboral más justo y estable y garantizar las condiciones de vida de las familias mediante todas las ayudas públicas necesarias, entonces no quiere defender a las familias. Es tan solo un eslogan. Es defender, en todo caso, su modelo de familia.

Libertad no es una isla

Libertad es vivir sin miedo.

NINA SIMONE

La venta de islas privadas se ha multiplicado por cuatro en los últimos dos años. Concretamente, a este lucrativo negocio le fue muy bien a partir del confinamiento impuesto por la pandemia de la COVID-19. Mientras la inmensa mayoría de la población se confinaba en sus casas y pisos (muchos de ellos sin luz natural y excesivamente pequeños), la compra de islas privadas por parte de multimillonarios excéntricos no dejaba de crecer. ¿Cuál es la mejor manera para que no te afecten las mismas restricciones que al resto de los pobres? Independizarte de la sociedad comprando tu propia isla desierta en la que las reglas las pongas tú. Libertad individual comprada a golpe de billete. Hablar de libertad para comprarse una isla como Jeffrey Epstein, viajar al espacio como Jeff Bezos, tener un yate inmenso como Amancio Ortega o poder tomar cervezas en medio de una pandemia mundial como Isabel Díaz Ayuso son distintas caras de un mismo esfuerzo que cada vez aparece con más frecuencia en nuestros días: convertir la libertad en un objeto de consumo.

Durante los últimos años se ha puesto más empeño en definir el significado de la palabra libertad que en luchar efectivamente por esa libertad. Las últimas décadas de ofensiva conservadora han servido para intentar darle la vuelta, como si se tratase de un calcetín usado, a todos los conceptos, objetivos e ideas que hasta el momento había abanderado el progreso social y político de la humanidad. De esa manera, libertad dejó de significar luchar contra los poderosos y conquistar nuevos derechos para pasar a significar respeto por la voluntad de los ricos, evasión de capitales, compra de islas privadas, disfrute de yates de lujo y, sobre todo, desregulación para que los grandes capitales tengan todavía más margen de acción. Una libertad que, más que libertad, se parece a un cheque en blanco al mejor postor. Todo eso es una auténtica patraña. Porque la libertad que se compra con dinero no es libertad, sino privilegio. Y como todo privilegio, tan solo pertenece a unos pocos, concretamente a quienes lo pueden pagar.

A lo largo de la historia, la humanidad se ha enfrentado a tiranos, invasores y explotadores portando la bandera de la libertad. Libertad como idea que pertenece a todos y que siempre ha sido motor de cambio y conquistas para la mayoría. En España hemos tenido importantes ejemplos de lucha por la libertad. Libertad luchando contra la ocupación napoleónica, libertad plantando cara a la monarquía absoluta de Fernando VII, libertad escribiendo la primera Constitución española en la que el único soberano era el pueblo, libertad expulsando a Isabel II y a Alfonso XIII al exilio, libertad yendo a la huelga para conseguir la jornada laboral de ocho horas y libertad combatiendo en las trincheras contra la barbarie fascista. Ninguno de estos ejemplos de lucha por la libertad se compraba a golpe de talonario. Todas estas experiencias tienen en común que se luchó por la libertad para conquistar nuevos derechos o para defender los ya conquistados. Y esa libertad se disfrutaba de la misma manera que se peleaba: en común y de manera no privativa.

Mientras tanto, desde las filas conservadoras se insiste en su defensa de la libertad y se reivindican como auténticos liberales. Sin embargo, esa defensa a ultranza de la libertad se traduce de manera bastante curiosa a la hora de ejercer su voto. Hagamos una recopilación rápida. En 1981 votaron en contra del divorcio; en 1983 (y muchas más veces desde entonces) se opusieron al aborto; en 2005 votaron en contra el matrimonio igualitario; en 2007 lo hicieron en contra de la igualdad de género; en 2020 votaron en contra de la eutanasia, y en 2021 en contra de la ley trans. En todas y cada una de las oportunidades que tuvieron para estar del lado de los avances en libertades de España decidieron ponerse de lado de la reacción. Y mientras tanto insistían en colgarse la medalla de liberales. Pero su única defensa de la libertad era la de pagar menos impuestos, la libertad de pagarles una miseria a tus empleados y la libertad de utilizar tus millones de euros como te venga en gana. Su defensa de la libertad es tan falsa que solamente se activa cuando se trata de defender la libertad de los ricos. Ante esto cabe preguntarse ¿de qué sirve la libertad para poder comprarte un megayate o una isla privada si no llegas a fin de mes y apenas puedes pagar el alquiler? Te repiten que eres libre de hacer lo que quieras, pero es mentira. No puedes hacer lo que quieras si no llegas a fin de mes. No eres libre si tu libertad depende del dinero que tengas. Esa libertad no sirve a nadie más que a una pequeña minoría que, teniendo dinero y ceros de sobra en su cuenta bancaria, puede hacer prácticamente lo que quiera siempre y cuando pueda pagarlo. Libertad condicionada por el dinero no es libertad. La libertad, como decía la cantante afroamericana Nina Simone, es vivir sin miedo. Sabiendo que no te van a despedir, que vas a tener un techo bajo el que dormir, que podrás formar una familia, que tus hijos recibirán una buena educación y podrán aspirar a vivir incluso mejor que tú. La libertad pasa por garantizar una vida digna para todas las personas, y si eso implica que cuatro ricos no van a poder comprarse un yate o irse a vivir a una isla privada de lujo, que así sea. Porque la libertad no se compra de manera individual, se disfruta en común. La libertad no es vivir aislado en una isla rodeado de todo tu dinero, eso simplemente es una desgracia individualista.

Feminismo para vivir sin miedo

Una larga lista de nombres propios atestigua la larga marcha por la igualdad entre hombres y mujeres en España. Concepción Arenal fue la primera mujer en ir a la universidad en el siglo XIX (aunque para ello la obligasen a vestirse con ropa de hombre), abriendo la puerta a que muchas otras comenzaran a hacerlo a partir de entonces. Emilia Pardo Bazán fue la primera mujer en impartir una conferencia en el Ateneo de Madrid y también la primera en hablar en público en la Sorbona de París. Clara Campoamor fue la responsable de lograr el voto femenino en 1931 por primera vez en España. Federica Montseny, poco después, se convirtió en la primera mujer ministra de España (y de las primeras de Europa). Durante la Guerra Civil las milicianas antifascistas protagonizaron grandes ejemplos de liberación de género, asumiendo trabajos y posiciones que hasta entonces habían estado reservadas a los hombres. Por supuesto, el franquismo lo paró todo. Durante cuarenta años las mujeres españolas vivieron una terrible regresión. Pasaron a depender de nuevo al completo de los hombres desde para abrir una cuenta en un banco hasta para trabajar, necesitando su permiso. Sin embargo, con la vuelta de la democracia, las cosas volvieron a moverse y las mujeres españolas (no solo aquellas de las que recordamos su nombre, sino también muchas anónimas que empujaron tan o más fuerte) demostraron, una vez más, que estaban más que capacitadas para desempeñar las mismas labores que los hombres. Pronto se logró la igualdad frente a la ley y el artículo 14 de la Constitución dijo que todos los españoles éramos iguales sin importar cual fuera nuestro sexo. Algunos preferirían detener ahí este relato, decir que ya está todo conseguido y mirar hacia otro lado. No obstante, aunque se haya logrado la igualdad jurídica todavía estamos muy lejos de haber logrado la igualdad real. Y esa igualdad no está escrita en las leyes, sino en la nómina que llega a tu cuenta a final de mes, en los comentarios que te gritan por la calle cuando vas sola, en las veces que sientes miedo al volver a casa por la noche, en los mensajes que te mandan por redes sociales y en cada una de las mujeres que han sido agredidas, violadas o asesinadas en los últimos años. Es evidente que todavía queda mucho por hacer.

«¡Ni machismo ni feminismo, igualdad!», exclaman

algunos creyendo haber encontrado la fórmula de oro para solucionar el problema. Es que el feminismo es precisamente eso: lograr la igualdad. Solo que, para lograrla de verdad, por desgracia, no basta con que esté escrito en un papel. Por eso, aunque la igualdad jurídica esté reconocida, el 71 por ciento de las víctimas de maltrato siguen siendo mujeres; el 13,7 por ciento de todas ellas han sufrido alguna forma de violencia sexual a lo largo de la vida; el 65 por ciento han sufrido acoso callejero, y ya ha habido más de 1.100 asesinatos machistas desde que se hacen estadísticas. Al mismo tiempo, son ellas las que siguen desempeñando los trabajos peor remunerados, continúan realizando el 70 por ciento de las tareas domésticas y de cuidados sin cobrar nada a cambio, y siguen dominando los rankings de riesgo de exclusión social. Es normal que el 8 de marzo en 2018 las calles de España se inundaran de mujeres reclamando igualdad, justicia y protección. Y a partir de entonces el movimiento feminista no ha hecho más que repetir aquel hito e ir hacia arriba, conquistando cada vez más espacios y conciencias en una lucha que, por mucho que fastidie a algunos, es una de las batallas más patrióticas que se pueden plantear: hacer España habitable en igualdad para la mitad de su población e incluir en el país a una gran parte que hasta el momento se ha obligado a estar en los márgenes. Hace unos años sería imposible pensar en tantas niñas concienciadas a la hora de hablar de feminismo en sus clases, tantas adolescentes sabiendo identificar cuándo una relación se estaba convirtiendo en tóxica y que aquello que algunos llaman amor era en realidad control, y tantas adultas entendiendo que lo que llevaban sintiendo toda la vida no eran tonterías suyas, sino algo que también le pasaba a la mayoría. Todo eso se llama feminismo.

Por desgracia, todas las victorias culturales van siempre acompañadas de una reacción por parte de aquellos a los que lo nuevo les da miedo y prefieren lo malo conocido a lo bueno por conocer. Y así apareció en el debate público una respuesta furibunda al feminismo. Los sectores más anclados en el pasado intentaron hacer una especie de confrontación entre patriotismo y feminismo, sacando también la bandera de España, una vez más, para criticar al feminismo o para quejarse (como hizo la derecha en multitud de municipios) de que se utilizase la bandera morada en apoyo al feminismo el 8 de marzo en lugar de la rojigualda. Sin embargo, no podían estar más equivocados. Solo un necio creería que se puede querer a tu país negando la realidad de esos millones de mujeres que han inundado las calles de toda España tantas veces diciendo cosas que son de sentido común.

Sin embargo, cuando se habla de feminismo rápidamente vuelve la matraca y algunos preguntan: «¿Qué pasa con los hombres? Que nosotros también tenemos problemas». Es cierto que los hombres representan el 77 por ciento de los suicidios, el 62 por ciento de los muertos por asesinato y desempeñan la mayoría de los trabajos más peligrosos y con más mortalidad. Pero eso también es un argumento para entender la importancia del feminismo. Porque al mismo tiempo que permite librar a las mujeres de una dominación insana también libera a los hombres. Los estándares habituales de comportamiento nos imponen a los hombres ser tipos duros, incapaces de mostrar sentimientos, insensibles y desapegados, e incapaces emocionalmente. Quien se sale de ese molde es señalado, insultado y denigrado. No es lo suficientemente «hombre». De lo que se trata es de romper esos moldes. El objetivo del feminismo no es acabar con la masculinidad, sino hacerla habitable para todos. Y que ser hombre no implique tener que silbar a mujeres cuando pasan por delante tuyo, ser el más duro, no llorar nunca y que te gusten el fútbol y los coches. De hecho, ya hay una gran mayoría de los hombres que no encajan en ese molde irreal de masculinidad agresiva y terrible. Y para ellos librarse de esas riendas es igual de liberador que para las mujeres. El feminismo también nos ayuda a dejar de estar encorsetados en esta forma de ser hombre que genera frustración, complejos y mucho dolor. Nos enseña que lo valiente no es no expresar los sentimientos, encerrarse en uno mismo. Lo valiente es aprender a lidiar con tus propios miedos e inseguridades sin dañar a otras personas en el proceso. Lo valiente es ser capaz de compartir tus sentimientos, tus lágrimas y tus pensamientos con la gente que quieres sin que eso implique dejar de ser más hombre. Lo valiente es cuidar a quien nos cuida, aprender a ser buenas parejas, buenos padres, personas cercanas y empáticas. El feminismo nos ayuda a comprender eso y a alejarnos del arquetipo de macho insensible, incapaz de compartir sus sentimientos y en constante afirmación de una masculinidad tóxica que es tan frágil que solo puede existir si se expresa todo el rato y frente a alguien. A quienes quieran confrontar feminismo con los hombres respondedles que nadie pretende desplazarlos, sino liberarse junto a ellos al mismo tiempo.

No hay libertad allá donde hay miedo. Cosas que los hombres no sufren nunca como no poder andar con tranquilidad por las calles por miedo a ser violado, que te hagan sentir que vales menos que el resto por tu género, que te pregunten si tienes la regla cuando estás enfadada, que acabes cobrando menos y se justifique por ser mujer o que te señalen por salirte de la norma. No hay orgullo en un país en el que esté normalizado que un hombre incomode a una mujer sola por la calle, en el que haya que vivir con miedo cuando vuelves a casa, en el que tengas que enviar un mensaje a tus amigas cuando llegas de fiesta, en el que te menosprecien por ser mujer. De la misma forma que no la hay en sentirse hombre solo en contraposición a las mujeres y hacerse el duro sin sentimientos para emular una faceta que, además, te daña a ti y a tu entorno. Para ser un país mejor y para vivir sin miedo y en libertad, hace falta feminismo. Un verdadero patriota debería preferir ver las calles de España inundadas de mujeres valientes cada 8 de marzo antes que los telediarios con nuevos asesinatos machistas cada día.

¿Un país o un desierto? Contra la crisis climática

España es uno de los países europeos más vulnerables al cambio climático. Eso supone que por encima de una fractura identitaria, ideológica o económica a corto plazo hay un problema que debería preocupar a cualquier español que se autodenomine patriota: la existencia misma de España. Y eso no tiene que ver con una defensa de la unidad nacional frente al independentismo, un problema migratorio o una cuestión de identidad, como algunos preferirían enmarcar el problema. Tiene que ver con la existencia literal de España. De sus ríos, de sus campos, de sus pueblos, de su gente. Si el patriotismo tiene que ver con el amor hacia tu país, debería llevar asociado un deseo de no destrozarlo ecológicamente. Un patriota defiende su tierra, no a quien la destruye.

Sin embargo, hemos visto con demasiada frecuencia cómo se ha defendido a quien arruinaba nuestra tierra. En 1966 Estados Unidos perdió cuatro bombas nucleares frente a las costas de Almería mientras Franco hacía la vista gorda y los encubría. En 2002 un Gobierno del PP no supo cómo reaccionar ni qué hacer frente al desastre de la marea negra del Prestige que contaminó 2.980 kilómetros de costa española. Durante décadas el Gobierno autonómico de Murcia ha permitido el destrozo del Mar Menor a través de construcciones y cultivos que eran atentados climáticos pero que permitían por los grandes beneficios que les daban. Y desde 1998 miles de hectáreas de campo han sido quemadas hasta las raíces para después recalificar los terrenos y poder construir provechosos edificios gracias a la ley del suelo de Aznar. Hemos visto cometer las más grandes tropelías contra la sostenibilidad ecológica de España sin pena ni gloria ante supuestos patriotas que no movieron ni un meñique para evitarlas simplemente porque les pesaban demasiado los bolsillos y querían sacar tajada de la destrucción de nuestro entorno natural. Hablar de patria en abstracto es muy sencillo y es un activo al alza entre políticos conservadores. La cuestión es que tan solo quieren conservar privilegios fiscales, beneficios para millonarios y tradiciones anacrónicas, pero hacen oídos sordos cuando se trata de conservar la verdadera patria. No parecen entender que no hay patriotismo posible si no hay un país habitable. No hay patriotismo posible si solo quedan cenizas, tierras yermas y desierto. Eso no es una patria, eso es un país en decadencia edificado sobre una tierra consumida. En España ha sido demasiado habitual hablar de patriotismo sin dedicarle ni un momento al futuro del país del que en principio se es patriota. Hoy en día esa farsa ya no funciona más. Para ser patriota tienes que estar concienciado sobre el problema de la crisis climática.

En el último siglo la temperatura de nuestro planeta ha aumentado más de 1 °C según la NASA. De ese calentamiento, dos tercios han ocurrido tan solo desde 1975, es decir, a una velocidad de casi 0,20 °C por década. Según los científicos, la década 2011-2020 ha sido la más cálida de la historia, y desde 2015 se han roto récords de calentamiento cada año. Y la tendencia va a peor. Todo esto no es simplemente una cuestión de con cuántas capas nos vestimos en verano o en invierno, o un tema que poder ver desde la lejanía sin que nos afecte demasiado. Es algo mucho más peligroso y letal. Implica extinciones masivas de animales, acidificación de los mares, peor calidad del aire, desertificación de nuestros territorios, aumento de los incendios, multiplicación de desastres naturales y de refugiados climáticos y pérdida de millones de vidas humanas. El cambio climático no es un juego. Y mucho menos en España.

Según la Agencia Estatal de Meteorología, el año 2020 fue el más cálido en la península ibérica desde que hay registro y el anterior más cálido había sido 2017. La tendencia es alarmante para uno de los países europeos más vulnerables al cambio climático de Europa. El riesgo de desertificación y sequías es inmenso. Nuestros ríos rozan el 40 por ciento de su capacidad, los pantanos se secan, nuestros mares se contaminan, las especies invasoras destruyen la biodiversidad de nuestro país y las consecuencias del cambio climático cada vez se dejan notar más en el día a día de los españoles. Entre enero de 2016 y finales de 2017 España sufrió la peor sequía de los últimos veinte años al mismo tiempo que se desarrollaba una de las peores oleadas de incendios.

Lo que hemos visto hasta el momento no nos deja en una posición demasiado buena, pero si miramos al futuro los pronósticos son todavía más sobrecogedores. Un estudio de Luis Samaniego indica que «si se alcanza un calentamiento de 3 °C el sur de España se convertirá en un desierto».[70] El Sáhara cruzaría el estrecho de Gibraltar para plantar sus fronteras a los pies de Madrid. Además, según el proyecto LIFE SHARA de la Oficina Española de Cambio Climático, las muertes por calor podrían alcanzar las 12.000 anuales en España para el próximo siglo al mismo tiempo que el precio de la luz no dejará de aumentar y

70. Citado en Héctor Tejero y Emilio Santiago Muiño, *¿Qué hacer en caso de incendio? Manifiesto por el Green New Deal*, 2019, p. 51.

poner el aire acondicionado se habrá convertido en un lujo para quien se lo pueda permitir (todavía más que ahora).

Frente a esta realidad el típico discurso de la autorresponsabilidad es una farsa. Dejar de beber tu batido con una pajita de plástico tal vez ayuda a que haya una pajita menos en el mar, pero el impacto es ínfimo cuando tan solo diez empresas españolas son las responsables del 25 por ciento de las 340.720 toneladas de dióxido de carbono que emite nuestro país, tal y como señala el Observatorio de Sostenibilidad.[71] Ese discurso tan solo sirve para eximir de culpa a los grandes responsables y trasladarla hacia el consumidor medio. Así, nos hacen creer que con nuestras acciones individuales podemos impedir un cambio climático que, realmente, producen grandes empresas que están sacando inmensos beneficios de comportarse como depredadoras del medio natural.

El verdadero problema es que aquellos más aficionados al patriotismo epidérmico de pandereta y pulserita en la muñeca son los que más contribuyen a enterrar el futuro de nuestro país. De hecho, según un informe de Oxfam Intermón, el 10 por ciento más rico de los españoles emite 2,3 veces más CO_2 que el español medio. Sus coches grandes gastan más, sus aviones privados gastan más, sus mansiones inmensas gastan más, sus piscinas privadas gastan más. Mientras el 10 por ciento más rico del

71. Informe del Observatorio de Sostenibilidad citado en «Las diez empresas y comunidades que más contribuyen al cambio climático en España», disponible en <https://www.climatica.lamarea.com/las-diez-empresas-y-comunidades-que-mas-contribuyen-al-calentamiento-global-en-espana/>.

mundo produce el 50 por ciento de las emisiones de CO_2, el 50 por ciento más pobre apenas alcanza el 10 por ciento de las emisiones globales. Son beneficios privados con consecuencias públicas.

Para mayor desvergüenza, los más ricos, al mismo tiempo que son los que más contaminan, no tienen miedo de que su país se convierta en un gran desierto sin vida en unos cuantos años. Su patriotismo, que se expresa con banderitas, odio y gritos es falso porque no se preocupa por el mañana. No les importa que España se convierta en el Sáhara porque en cuanto ellos comiencen a notar los efectos de ese desastre tendrán la libertad de, con todo su dinero acumulado tras décadas expoliando nuestro país, emigrar a un lugar más habitable junto a su familia. Son apátridas desligados de su tierra que, como siempre, cuando tengan que elegir entre patria y patrimonio elegirán lo segundo.

La verdadera posición patriota frente a este desorden no es taparse los ojos, ignorar el desastre o simplemente negarlo. Tampoco lo es, en absoluto, hablar de conservación de lugares naturales y de crear parques nacionales por doquier que intenten preservar ciertas zonas mientras todo lo demás se consume. Se trata de algo mucho más difícil pero al mismo tiempo imprescindible. Se trata de terminar con un modelo económico depredador que siempre ha antepuesto los beneficios económicos a la vida y a nuestro planeta.

No solo es más justo, también tiene más sentido. No es normal consumir tomates chinos transportados a lo largo de miles de kilómetros por un barco gigantesco quemando toneladas de combustible cuando los podemos cultivar a pocos kilómetros de nuestras casas. No tiene sentido esa huella ecológica cuando se pueden consumir productos de cercanía más sabrosos, de mejor calidad y que además dejan su impacto económico en nuestro país. Tampoco tiene sentido depender energéticamente del gas y el petróleo de terceros países cuando España tiene una situación geográfica inmejorable para la generación de energías renovables. Una placa fotovoltaica en el tejado de cada edificio nos ahorraría emisiones, subidas de precio desorbitadas y dependencia de terceros países. No tiene sentido haber construido una vida que depende del petróleo, de fuentes energéticas lejanas y de transportes absurdos. Hay que reivindicar lo positivo de nuestra tierra, aprender a quererla y a cuidarla de verdad y empezar a vivir en armonía con ella. Entender que, frente a este mundo loco de consumo sin límites, de desarraigo y desenfreno, hay una vida tranquila, saludable y cercana que se puede construir desde lo local, que merece mucho más la pena que el estrés y la locura a los que nos vemos sometidos en nuestro día a día. Sentirse de algún sitio no es llevar una pulserita, un DNI en la cartera o gritar muy fuerte su nombre. Es estar arraigado a tu casa, tenerle cariño a tu tierra y cuidarla para que los que vengan detrás también la puedan disfrutar como tú lo hiciste.

Si queremos salvar nuestra casa del desastre ecológico, hay que comenzar desde ya a arreglar este desorden que han sembrado los privilegios de unos pocos. Hay que hacerlo para ser libres y para poder vivir sin miedo al mañana. La decisión debe estar clara: entre patria y desierto, elegir siempre patria.

Sin casa y sin certezas, perdemos la cabeza

> ¿Cómo se ha vuelto aceptable que tanta gente, y en especial tanta gente joven, esté enferma?
>
> MARK FISHER

Levantarse de la cama y tomarse una pastilla se ha convertido en una actividad habitual para demasiada gente. No porque duela el cuerpo, sino porque duele el alma. La realidad es que el uso de antidepresivos ha aumentado un 200 por ciento en apenas dos décadas y cada año que pasa esa cifra no hace más que aumentar. La tendencia va al alza y las consecuencias son terribles. El suicidio es la primera causa de muerte no natural entre los jóvenes en España por delante de los accidentes de tráfico, y cada día hay 11 vidas que se acaban por su culpa. Según la OMS, en 2030 los problemas de salud mental serán la principal causa de discapacidad en el mundo y ya el 12,5 por ciento de todos los problemas de salud está representado por los trastornos mentales.

Durante demasiado tiempo la salud mental se ha tratado como un asunto privado. Como si fuese un problema personal que debe ser resuelto de manera individual. Como si quienes padecieran estos problemas fuesen responsables de su sufrimiento y, por lo tanto, también lo pudiesen ser de su salvación. Se ha mirado hacia otro lado esperando que el tiempo solucionara el problema. Pero han pasado años y décadas y sin soluciones solo se han acumulado muertos y cada vez más personas afectadas.

No es una cosa aislada. El vivir con la vida a cuestas se está convirtiendo en lo habitual. Vivir una vida atacada por los nervios, por la ansiedad, por el sentir que no se llega, que no se es suficiente y que nada merece la pena. Pero todo eso no es producto de una generación de cristal, de un supuesto nihilismo descreído ni de «tonterías de juventud». Tacharlo de eso es simplemente taparse los ojos ante una tragedia y esperar que desaparezca pronto (y que no te toque a ti ni a nadie a quien quieras), pero no soluciona nada.

Si cuando los accidentes de tráfico eran la principal causa de muerte no natural se ponían en marcha grandes campañas de concienciación para intentar reducir la mortalidad, ¿por qué no ocurre lo mismo con la salud mental y el suicidio? La realidad es que ni siquiera los psicólogos son accesibles para la mayoría. La oferta pública es ridícula (en España tenemos 6 psicólogos por cada 100.000 habitantes mientras en Europa la media es de 18) y las consultas privadas son demasiado caras para que gran parte de los que necesitan su ayuda puedan permitírselo de manera habitual. Y no tiene sentido. Porque igual que cuando te rompes una pierna vas al médico y te la escayolan sin necesidad de enseñar la tarjeta VISA, cuando se rompe tu estabilidad emocional deberías poder ir a un psicólogo y que te ayuden de la misma forma: gratis.

Sin embargo, ni siquiera basta con eso, ni tampoco con campañas ridículas de concienciación con carteles en paradas de autobús que te piden, por favor, que no te suicides. Para tener una buena vida, con estabilidad mental y sin miedo al futuro hace falta mucho más que buenas intenciones y mensajes positivos. Hacen falta condiciones materiales. Sin casa, sin trabajo y viendo como todo se desmorona a nuestro alrededor no hay salud mental posible. No puedes formar una familia, no te puedes emancipar, no puedes planificar tu futuro; trabajas de sol a sol y nunca sabes si te van a despedir. Lo raro es que haya alguien mentalmente sano con esas condiciones de vida.

Pero la ideología dominante nos sigue machacando con mensajes que nos dicen que nos gusta compartir habitaciones, salir a trabajar fuera de España y practicar el *working holidays*. No nos gusta. Nos gusta llegar a fin de mes. Pero ¿a qué costa? A costa de nuestra calidad de vida, de nuestra salud mental. Seguimos adelante hipotecando nuestra salud, atiborrándonos de pastillas para aguantar el día y hundiéndonos más en un pozo de frustración del que, por desgracia, algunos nunca acaban de ver la salida. Vivimos atrapados en un sistema económico profundamente disfuncional cuyo coste, para que simule funcionar bien, es acabar con la salud mental, física y anímica de los que trabajan para él. Es mentira que todo empiece y acabe en uno mismo, especialmente en lo que respecta a la salud mental. Hace falta desestigmatización, psicólogos asequibles y, sobre todo, vidas dignas que merezcan la pena ser vividas.

Epílogo
¿Todo esto para qué?

> La Historia no es un ser muerto, sino un ser vivo, y como ser vivo, engendra cada año, con los hechos viejos, hechos nuevos. Si continuamente reproduce, también inventa. De forma y manera que si en siglos no destronó, en una hora destrona, y si en siglos durmió con reyes, un día se despierta en la cama del pueblo.
>
> Benito Pérez Galdós

Patria digna se escribió pensando más en el futuro que en el pasado. El pasado es un lugar extraño para visitar. Tan solo podemos hacernos una idea de lo que ocurrió en aquel momento, pero al mismo tiempo también sirve de poderoso ejemplo para plantearnos el futuro que tenemos por delante. Por eso, en los momentos difíciles es habitual acudir al pasado para rearmarse de motivos, hechos e ideas. Macron reivindica a Napoleón, Putin a los zares, Biden a los padres fundadores, la extrema derecha española a los Reyes Católicos y nosotros, los progresistas, a pesar de tener una gran mochila cargada de experiencias y momentos estelares de la historia popular de nuestro país, nos volvemos hacia el pasado como encogiendo los hombros sin saber muy bien de lo que hablar. Para eso sirve este libro. En primer lugar, para extraer experiencias progresistas que sirvan de alimento y combustible para las luchas futuras, y en segundo lugar, para ejercer de cura para apáticos e indiferentes. Sirve como recordatorio de que no todo está perdido, sino que simplemente todas las victorias y derrotas forman parte de un momento pendular de ida y venida. Nunca se gana del todo, pero por suerte eso también quiere decir que nunca se pierde del todo. Es imposible estar siempre en la cresta de la ola y, como en la vida misma, hay tantos momentos de bajada como momentos de subida. La cuestión que nos interesa es poder estar bien preparados para que, cuando esos momentos de cambio lleguen y la ola vuelva a subir, nos coja con los deberes hechos para poder surfearla bien.

Las prisas siempre son malas consejeras. No llevan a nada y, si llevan a algo, siempre es efímero y pasajero. Vivimos en una época en la que lo tenemos todo a golpe de clic. No vivimos nuestras vidas, las consumimos como si se tratase de *stories* de Instagram. Todo rápido y a grandes bocados, como si fuese comida basura. Pero nada de eso permanece. Solo permanece aquello que se cuida. Aquello que se riega. Por eso Julio Anguita decía que la política era un arte agrario, porque había que dedicarle tiempo, cariño y cuidados. Nada que se construye rápido dura demasiado.

Por eso es importante que a nadie le entren las prisas. La tarea que se plantea en este libro no es nueva. Los españoles llevamos intentando reconciliarnos con nuestro país desde hace muchísimos años. No se trata de ser ingenuos y, al acabar de leer este libro, armarse con valor de una bandera y comenzar a pasearla por tu barrio al grito de «Viva España con honra». Se trata de sembrar la idea. De que madure en nuestra sociedad. De abrir debates, empezar a plantar cara y, poco a poco, recuperar el país que nos habían arrebatado.

Habrá quienes digan que es imposible, que ya se ha intentado muchas veces y nunca se ha conseguido. Y se equivocan. Porque todas aquellas veces que se intentó y no se consiguió no fueron en vano. No despreciemos el esfuerzo de todos los que vinieron antes. De todos los que lucharon por una España mejor que por primera vez perteneciese a su pueblo y no a sus élites. Todo lo que esas personas hicieron nos lo regalaron a los que llegamos luego. Y nosotros cogemos el testigo con la intención de dejarlo un poco más adelante. Claro que no lo consiguieron, pero avanzaron unos valiosos pasos para que nosotros pudiésemos avanzar unos pocos más después.

Es frustrante saber que las cosas no cambian a golpe de tuit, ni a golpe de columna en un periódico, ni a golpe de fundar un partido cuyo apogeo y muerte sucede en una misma década. Las tareas importantes son tareas subterráneas, que van por debajo y que poco a poco cambian cosas. Hoy, por suerte, ya somos más conscientes que ayer de que España no les pertenece. Hoy, por suerte, ya empezamos a plantar cara y a responderles que no confundan sus pulseritas, su cobardía y su odio con el patriotismo. Porque no es patria el suelo que se pisa, sino el suelo que se labra.

Bibliografía

ALBA RICO, Santiago, *España*, Madrid, Lengua de Trapo, 2021.

ÁLVAREZ CHILLIDA, Gonzalo, «Epígono de la Hispanidad: la españolización de la colonia de Guinea durante el primer franquismo», en Stéphane Michonneau y Xosé M. Núñez Seixas, eds., *Imaginarios y representaciones de España durante el franquismo*, Madrid, Casa de Velázquez, 2014, pp. 103-125.

ÁLVAREZ JUNCO, José, *Mater dolorosa*, Barcelona, Taurus, 2010.

ANGUITA, Julio y Julio Flor, *Contra la ceguera*, Madrid, La Esfera de los Libros, 2013.

ARGÜELLES, Agustín, *Las cortes de Cádiz. Examen histórico de la reforma constitucional*, Londres, imprenta de Carlos Wood e hijo, 1835.

ARIÑO, Antonio y Juan Romero, *La secesión de los ricos*, Barcelona, Galaxia Gutenberg, 2016.

ARÓSTEGUI, Julio, *La Guerra Civil, 1936-1939*, colección

Historia de España, n.º 27, Madrid, Temas de Hoy, 1996.

CARRASQUER, Félix, *La escuela de militantes de Aragón. Una experiencia de autogestión educativa y económica*, Barcelona, Ediciones Foil, 1978.

CASANOVA RUIZ, Julián, *40 años con Franco*, Madrid, Crítica, 2015.

CIBELINA, Marta, *Los Borbones y el sexo: De Felipe V a Felipe VI*, Madrid, La Esfera de los Libros, 2021.

DE ITURRALDE, Juan, *La guerra de Franco, los vascos y la Iglesia*, San Sebastián, Publicaciones del Clero Vasco, 1978.

DEL TESO MARTÍN, Enrique, *Más que palabras. La izquierda, los discursos y los relatos*, Gijón, Trea, 2019.

FLÓREZ ESTRADA, Álvaro, *Representación hecha a S.M.C. el señor D. Fernando VII en defensa de las Cortes*, Madrid, Villalpando, 1820, disponible en <https://www.cervantesvirtual.com/obra/representacion-hecha-a-smc-el-senor-d-fernando-vii-en-defensa-de-las-cortes/>.

GARRIDO, Fernando, *El pueblo y el trono*, Madrid, Tomás Núñez Amor, 1854.

KOECHLIN, Heiner, *Die Tragodie der Freiheit: Spanien 1936-1937: die Spanische Revolution, Ideen und Ereignisse*, Berlín, Karin Kramer, 1984.

LADRERO, Valentín, *Músicas contra el poder. Canción popular y política en el siglo XX*, Madrid, La Oveja Roja, 2016.

LORENZO, Anselmo, *El proletariado militante*, autoedición, 1943.

MAESTRE, Antonio, *Franquismo S. A.*, Tres Cantos, Akal, 2019.

MARTÍNEZ, Miguel, *Comuneros: el rayo y la semilla (1520-1521)*, Hoja de Lata, 2021.

MAZZUCATO, Mariana, *El Estado emprendedor. Mitos del sector público frente al sector privado*, Barcelona, RBA, 2019.

MINTZ, Franz, *La autogestión en la España revolucionaria*, Madrid, La Piqueta, 1977.

MORADIELLOS, Enrique, *La España de Franco (1939-1975)*, Madrid, Síntesis, 2000.

MORENO LUZÓN, Javier y Xosé Manuel Núñez Seixas, *Los colores de la patria. Símbolos nacionales en la España contemporánea*, Madrid, Tecnos, 2017.

PADURA, Leonardo, *El hombre que amaba a los perros*, Barcelona, Tusquets, 2009.

PAINE, Thomas, «An Essay for the Use of New Republicans in their Opposition to Monarchy», en Michael Foot e Isaac Kramnick, eds., *The Thomas Paine Reader*, Londres, Penguin Classics, 1987.

PISARELLO, Gerardo, *Dejar de ser súbditos. El fin de la restauración borbónica*, Tres Cantos, Akal, 2021.

PRESTON, Paul, *El holocausto español: odio y exterminio en la Guerra Civil y después*, Barcelona, Debate, 2011.

—, *La Guerra Civil española: reacción, revolución y venganza*, Barcelona, Debolsillo, 2013.

—, *La destrucción de la democracia en España: reforma, reacción y revolución en la Segunda República*, Barcelona, Debate, 2018.

REVENTÓS, Manuel, *Els moviments socials a Barcelona en el segle XIX*, Barcelona, Crítica, 1987.
RODRÍGUEZ, Fidel E., *La inquietud del tiempo: el diputado Félix Varela Morales en las Cortes españolas (1821-1823)*, Arganda del Rey, Verbum, 2017.
SÁNCHEZ CERVELLÓ, Josep, *La Segunda República en el exilio (1939-1977)*, Barcelona, Planeta, 2011.
SÁNCHEZ RAMOS, Francisco, *La economía siderúrgica española*, Madrid, Consejo Superior de Investigaciones Científicas, 1945.
SÁNCHEZ SOLER, Mariano, *Los Franco, S. A.*, Madrid, Oberón, 2003.
—, *Los ricos de Franco: grandes magnates de la dictadura, altos financieros de la democracia*, Barcelona, Roca Editorial, 2020.
SERRANO, Carlos, *El nacimiento de Carmen. Símbolos, mitos y nación*, Madrid, Taurus, 1999.
STIGLITZ, Joseph E., *El precio de la desigualdad: el 1 % de población tiene lo que el 99 % necesita*, Madrid, Taurus, 2012.
SUERO, Pablo, *España levanta el puño*, Barcelona, Global Rhythm Press, 2014.
TEJERO, Héctor y Emilio Santiago Muiño, *¿Qué hacer en caso de incendio? Manifiesto por el Green New Deal*, Madrid, Capitán Swing, 2019.
THOMAS, Hugh, *The Spanish Civil War*, Londres, Hamish Hamilton, 1977.
TORENO, Conde de, *Historia del levantamiento, guerra y revolución de España*, vol. III, Madrid, Tomás Jordán, 1835.

TUÑÓN DE LARA, Manuel, *La España del siglo XX*, París, Librería Española, 1973.
—, *La España del siglo XIX*, vol. 1, Tres Cantos, Akal, 2000.
VELÁZQUEZ HERNÁNDEZ, Aurelio, *La otra cara del exilio. Los organismos de ayuda a los republicanos españoles en México (1939-1949)*, tesis doctoral, 2012.
VILAR, Pierre, *Historia de España*, Barcelona, RBA Coleccionables, 2005.
VILCHES, Jorge, *Progreso y libertad. El Partido Progresista en la Revolución liberal española*, Madrid, Alianza, 2001.

«Para viajar lejos no hay mejor nave que un libro».

EMILY DICKINSON

Gracias por tu lectura de este libro.

En **penguinlibros.club** encontrarás las mejores recomendaciones de lectura.

Únete a nuestra comunidad y viaja con nosotros.